落語で知る人生の知恵

江戸時代の礼儀作法と心意気

林　秀年

三樹書房

まえがき

たまさか葬儀などに参列する事があります。たいていは故人の事は良く知らず、義理だけで参列する訳ですが、それでも喪主の方にお悔《く》やみの一つも申し述べなければなりません。

「この度はまことに御愁傷様でございます。さぞかし……。突然のことで……。どうぞお力落としのなきように……」

なんて感じで所々は聞き取れるものの、大半は口の中でもごもごと何を言っているのか判らない位で丁度良い様であります。

こんなやり方も誰に教わった訳でもなく、何の事はありません落語の中に出てくる科白《せりふ》から覚えた事でありました。ちょっとした生活の知恵から、人の心の裏表、人間としてのあるべき姿から雑学と、実に様々な事柄が落語から学べるものだと思い知らされます。

何も落語に限った話ではありません。人の生き方、立居振舞いに影響を与えますのは、立派な哲学の書やら倫理の教科書などよりも落語、浪曲、講談、歌舞伎、大衆演劇、流行歌《はやりうた》などの主人公の言動の影響が大きい様な気が致します。誰もがかっこ良く、スカッと、気持ち良く生きたいものですが、中々簡単にそうはいかないのが現実であります。そんな主人公達と同じ様にやっていましたら、命がいくつあっても足りませんし、身代ももちません。誰もが「天野屋利兵衛」に「吉良の仁吉」に「沓掛時次郎」に「駒形茂兵衛」に「高倉健さん」になれる訳ではありません。しかし肝心なのは即座に出来るか出来ないかなのでは決してありません。業界では有名な神奈川県川崎市宮前区の二輪車販売店Y儀の社長の言によれば、「大切なのはものの考え方、つまり考えの方向性なんだよ。バイクだって進む力と遠心力とのベクトルの結果として前進するか、倒れるか決まるんだ。考えた事、思った事が百パーセント実現出来る訳はない。しかし何を望むのかの方向性だけはしっかり持っていなければそれはただ流されているだけ」、だそうであります。マァそんな人の生き方に影響を与える様な立派な事から、現代の我々では知り得ない事、知らなくても良いが知っていると何か偉くなった様な気分になれる事、そんなこんなを四十八話ピックアップしました。そしてその噺の中の極め付きの名科白を噺のままで抜粋致しましたので、江戸落語の神髄もお楽しみ頂ける趣向となっているつもりであります。先人の方々には御意見を頂き、同年輩の団塊世代には共感を頂き、より若き人々には何やら今後の人生の参考にでもなればよかれと、存じます。

そんなにお時間は取らせませんので、せちがらい憂き世からちと離れ、落語の世界で楽しんで頂くのも一興かと愚考致しますがいかが。志ん生師によれば、「こんな事学校じゃお教《せえ》ません」だそうであります。

目次

第一節　人情《にんじょう》の機微《きび》

――口で言っても心の中じゃ

一　火事息子《かじむすこ》

家を飛び出た道楽息子、実家のピンチに、さあどうする

三道楽煩悩《さんどらぼんのう》と申しまして一般に道楽の三大流派といいますと、飲む、打つ、買う、でありますが何もそれに限ったものではありません。最近では何とかマニア、何フェチ、何オタクとか申しまして極めて特殊な趣味に昂《こう》じていらっしゃる方も多々おられます。

確かに三道楽は間違いなく大人の領分でありまして、現在の子供達の道楽といいますか趣味の代表となりますと、乗り物、怪獣、昆虫などといったところですが、通常これらの症状は思春期を迎える頃になりますとめでたく消滅致しまして、大人の三道楽に昇華するものです。

しかし昨今の成人の幼児化現象を反映したところなのでしょうか、子供の頃の趣味を引きずったまんま形《なり》だけは大きくなってしまった方々が増加している様です。四十、五十、六十と出来の悪い重箱みたいに歳ばかり重ね、未だに捕虫網を抱え山野を駆け廻ったり、竿の先に針の付いた糸をぶら下げ必要もなく魚類を捕捉したり、はたまた鉄ちゃん鉄子と名を変えての列車狂の人々とか漫画オタク、秋葉オタクを自認する元首相など枚挙に暇《いとま》がございません。

マァ人間他人に迷惑をかけない限り自由なのですから、文句のつけ様もございませんが、何につけ程《ほど》というものが必要なのは趣味、道楽に限ったものではありませんからして、くれぐれも御用心を。

火事が好き、火が燃えるのが好きだからと、火を付けて廻ったりしたらこれは重罪であります。しかし

この火を見るのが好きという性癖は人間が火を使い始めた頃から人類生存の為の絶対条件であったそうです。何故ならば火の嫌いな人間は必然的に生き残れなかったからだそうです。

昔だったら半鐘《はんしょ》のヂャンという音、今なら消防自動車のサイレンを聞いたらいてもたってもいられないという人は確かにいらっしゃいます。火事の現場に最も近く長くいられるのは消防士であり、その消防士になる為には大型自動車免許が必要だと、学生時代にバイト代を大型自動車免許取得の為に注ぎ込んだ人も実在します。

神田の質屋伊勢屋の一人息子の藤三郎、これが火事が何より好きであります。出入りの鳶頭《かしら》に町火消に入れてくれと頼みますが、取り合ってくれません。それならば四十八組ある町火消、どこかで組に入れてくれるだろうと廻ってみますが鳶頭から廻状《かいじょう》が出されておりましたから、どこの町火消でも断られてしまいます。

それでもどうしても火消しになりたくて公儀の火消し屋敷の人足、俗にいう臥煙《がえん》となりました。町火消しと違ってこの火消し屋敷は大名や旗本の屋敷専門で、臥煙は公儀の威光を笠に着ての好き勝手な振舞いのならず者集団、世間の嫌われ者でありました。

首、手首、足首の先以外全身に彫り物をし、法被《はっぴ》一枚、褌《ふんどし》一丁で火事場に飛び込んでいく荒くれに本人は大満足でありましたが、世間様、親戚筋の手前もあって堅気の質屋の息子にしておく訳にもまいりません。やむなく勘当に致しましたが、それを良い事にしてか本人全く家に寄りつきませんでした。

冬もこれから本番の十一月の二の酉《とり》の日、九つ前（十二時頃）日本橋から火の手が上がりました。北風が大変強く出入りの左官屋に蔵の目塗りを頼みましたが、神田は風上なので多分大丈夫、それより日本橋のお得意の方に廻りたいので勘弁してくれとの返事でありました。

人様の物を預る質屋稼業、いくら風上でも目塗りの真似事でもしておかないと今後の信用問題と、高い所が苦手という番頭と手代達が見よう見真似の左官仕事ですが、上手くいく筈もありません。

そんな様子を遠くから見ていた一人の男、全身唐獅子牡丹の彫り物が燃え上がる様な良い男、屋根に駆け登ったと思えば猿《ましら》の如く飛び移り、伊勢屋の蔵の上で悪戦苦闘している番頭を助け何とか目塗りの格好をつけてくれました。

火事も神田に延焼する事なく収まり、次々と見舞い客が訪れその応対に追われる主人に番頭が、先程助けてくれた人が台所に控えているから是非挨拶だけでもしてやって、と頼みます。何も主人の私がそこまでと渋りますが、番頭が余りに強く請いますので、へっついの横にうずくまる法被一枚の男を見ればこれがあの勘当した息子でありました。

ぎこちない親子の挨拶もそこそこにその場を立ち去ろうとする息子を押し留め番頭は母親を呼んでまいります。変わり果てた姿とはいえそこは親子です。一目で息子と知れます。

「まあまあ、寒そうな格好をして、お前にゃあの結城が良く似合ったねえ。今でも蔵に行ってお前の着物を見ると胸が一杯になって。小遣いにも困ってるんじゃないか、ちゃんと御飯も食べているのだろうかと、心配で心配で」

「そんな心配をこの馬鹿野郎の為にする事はない、着物でも小遣いでもそんな物は道端に放り出せ、そうすりゃどこかの馬鹿が拾って行かあ」

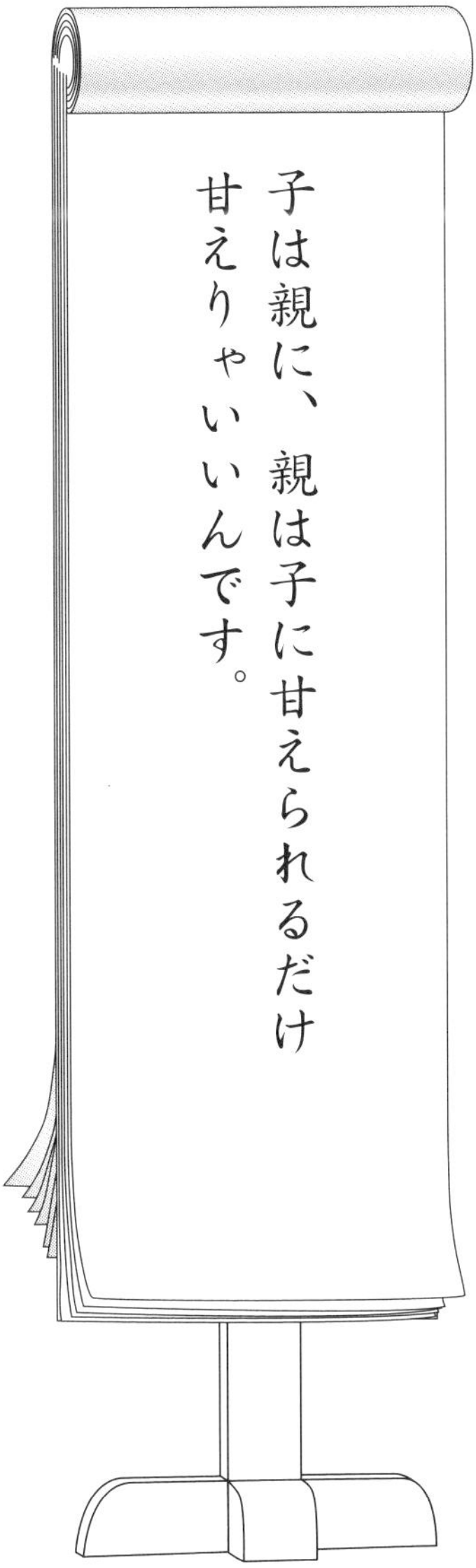
子は親に、親は子に甘えられるだけ
甘えりゃいいんです。

二　親子酒《おやこざけ》

親子して誓った禁酒、さてその結末は

酒というものは不思議なもので、アルコール中毒、アルコール依存症とまではいかない人、もしくはいってないと思っている人でありましても、飲めないとなりますとどうしても寂しくて仕方のないものでありますす。お医者さんに言わせますと、通常は病気の症状の何か一つが出ますと非常に気になるものだそうで。例えば特にダイエットした訳でもないのに最近痩せてきた、糖尿病じゃないか、癌じゃないか、といった心配をするそうです。

しかし、アルコール中毒患者だけはその逆で何か一つでも典型的な症状以外の事実があればそれにすがり、自分は中毒患者ではないと思い込み、言い張るものだそうです。

毎日飲むけど御日様が出ている間は飲まないとか、手足の震えはないとか、ろれつが回らない事はなく言語極めて明瞭であるとか、飲まなければ人前に出られない、会議で発言出来ないという事はないとか、どんなささいな事でも、たった一つでも非中毒者的要素をほじくり出して来てはそれを頼りに飲み続けるものだそうです。

もう一つ不思議な事は、例え親子でありましても飲める飲めないの差があったりなかったりする事です。隔世遺伝というのでしょうか、おじいさんが大酒飲みで、父親が全く飲めなくて、本人が大酒飲み、なんて例が世間には多々ございます。

体質とは別に父親が大酒飲みで、そのだらしない姿を見せつけ、母親、自分を含む家族親戚一統に大迷惑のかけ通しのくだらない人生を送った、なんて人の子供が同じ様に大酒飲みの人生を送る事が多々ございますのも、とても他人事とは思えません。

マァ中にはその父親の姿を反面教師として、御立派な人生を送られる方もいらっしゃる様ですが、あまり身近では見かけません。呑兵衛の親父は息子と一杯やるのが無上の悦びの様でありまして、孝行息子と致しましては何とか父親を悦ばせたいと努力致しますのも、これは人間として自然なところではあります。

居酒屋で飲む二人連れの図。親子かどうかは判りません。呑兵衛の親爺は成人した息子と一杯やるのが何よりの楽しみとか申しますが、何事にも程というものがございますのは充分御承知置の上で願います。（西川祐信画『絵本喩草』）

さる昭和の若旦那、成人のお祝いとて父親と二人で近所の鮨屋で昼酒となりました。時に父親六十五歳でありましたが、これが飲むは飲むはでありました。

若旦那いい加減にへべのれけでしたのでもう帰ろうと言いますとその父曰く、それじゃ締めの二本、と言ってとうとうそれを五回やって一人で飲んでおりました。

実際は二十歳の男は飲み慣れていないので、体力程は飲めないのでありますが、マァ呆れたものでありました。

さる大店の御主人、自分も無類の酒好きですが、これに輪をかけて息子も酒好きであります。しかし親の目から見ますと、自分の事は棚に上げてどうも息子の酒はだらしのない酒と映ります。

そこで息子を呼んで御説教、

「これだけの身代を継ごうというお前が今からこんな事では先が思いやられる、お前一人に止《や》めろとは言いません、私も酒を断つから、お前も酒を断ちなさい」

親父の酒好きは良く知っている息子です。その親父が自分も断つからと迫られますと、これはもう、ようがしょう私も金輪際酒を断ちましょう、と言わざるを得ませんでした。

さて、とある寒い日です。息子は得意先に集金に行って留守であります。親父どうしても飲みたくてたまりません。

「婆さん、寒いね。何かこう体が暖まる物が欲しいね」

「じゃ、葛湯かおじやでも」

結局酒という事になりまして一杯が二杯、駆けつけ三杯と、何のことはありません元の木阿弥の飲んだくれ親父です。帰って来た息子もベロベロです。

聞けばお得意先で飲まなければもう出入り差し止めと言われ、それなら飲もうと二人で二升飲んで来たとの事でありました。自分のことは棚に上げて怒る親父です。

「お前みたいな顔が七つも八つもある奴にこの身代は譲れない」

言われた息子も黙っちゃいません。

「私だってこんなぐるぐる回る家はいらない」

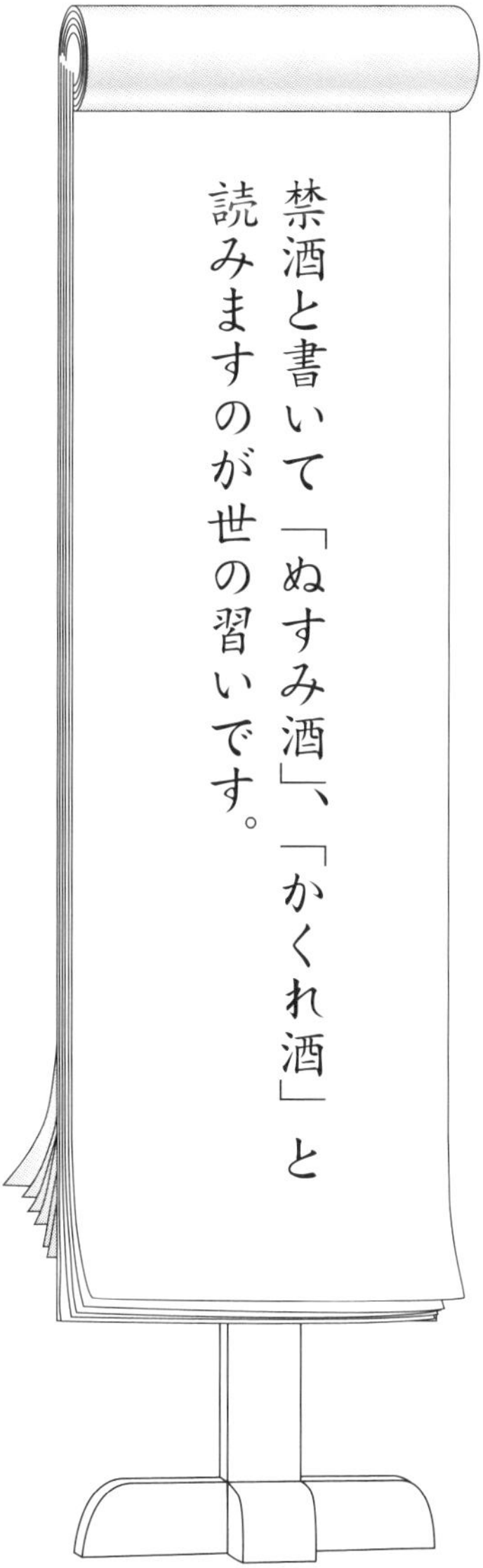
禁酒と書いて「ぬすみ酒」、「かくれ酒」と
読みますのが世の習いです。

三　桃太郎《ももたろう》、真田小僧《さなだこぞう》、初天神《はってんじん》

しっかり息子にのんびり親父

享保六年（一七二一年）徳川吉宗が将軍の時の人口調査によれば、江戸市中の人口は約百三十万人で世界第一の都市でありました。しかし圧倒的な男性主体の都市で男女の構成比は男六十五パーセント、女三十五パーセントであり、そこから娘一人に婿八人といった状況も現出した様であります。さらに九尺《しゃく》二間の長屋暮らしが大多数であった住居事情もあってのことでしょうか、当時の有効出生率は現代日本のそれに近く、一・七から一・八であった様です。これは江戸市中に限った話でして、大らかな田舎でいえば貧乏人の子だくさん状態もあった様です。

そんな諸事情もあってか当時の江戸の人々は非常に子供を大切に扱い、明治の頃に来日した英国人女性もその伝統に本当にびっくりしたそうです。マァ事実において江戸市中では一般人の子女の寺子屋就学率は百パーセントに近いものがあったそうです。

そんな背景もあっての事でしょうか落語に出てまいります子供も皆利発であり、目から鼻に抜けて大人をきりきり舞いさせる頼もしい子供ばかりです。五代目古今亭志ん生がその次男強次《きょうじ》（後の三代目古今亭志ん朝）が生まれた時、他の噺を演る予定であっても気が付けばついこの桃太郎を演《や》っていたというのは有名な話です。

子供というものは判っていても何度でも同じ話、同じ絵本をねだるものです。思えばそれは話や絵本の内容に興味があっての事ではなく、父や母、あるいは他の誰でも良いのでしょうが、それらの人と過ごす濃密な時間が心地良いからなのでしょう。そういえば「何とかサンボ」は楽しかったナァ、などと幼少時の感慨にふけるのはやはり現在に何か問題を抱えている証左なのでしょうか。

息子が親父に寝物語りに何か昔話をしてくれとねだります。そんなにレパートリーがある訳でない親父さん、毎度お馴染みの桃太郎を始めますが、昔々ある所にと始めますと早速息子から半畳が入ります。昔々は何時頃なのか、ある所とはどこなのか、何故おじいさんは山へ柴刈りでおばあさんは川へ洗濯なのか。お父っつあん知らなきゃ教えて上げるよと、講釈が始まります。この話は乾坤坊良斎《けんこんぼうりょうさい》という人の作で、山へ柴刈りとはつまり父の恩は山よりも高く、川へ洗濯とは母の恩は海よりも深いとの教えなのだ、などと解説をしていますと、親父はすっかり感心した挙句にすやすやと寝入ってしまいました。
「ああ、もう眠ってやがる。最近の親なんて罪がないもんだ」（桃太郎）

親父に小遣いをねだって断られますと、それなら母親から貰うから良い、あっちはばらされたら困る事があるから必ずくれると言います。おっ母さんは親父が止めるから決して小遣いなんかくれないと言いますと、「ふふん、甘えもんだ」
「嫌なガキだ。肩なんぞで笑いやがって」

そうなると聞きたくなるのが人情、色めがねをかけ、ステッキをついた人が来て母親の肩や腰にさわった話を小出しにされて、とうとう息子に六銭巻き上げられましたが、何のことはありません。近所のマッサージを呼んだだけの話でした。（真田小僧）

初天神に出掛けようとした熊さん、腕白盛りの息子金坊に見つかってしまい、強引について来られてしまいます。絶対に何も買ってやらないとの約束での道行きでしたが、飴屋を見れば飴をねだられ、団子屋に出食わせば団子を買わされる始末です。天神様のお詣りをすませ横丁を抜けますと凧屋があります。絶対に凧なんか買わないと宣言しますが、それを聞いた凧屋が金坊に、あの水溜まりにあお向けに倒れ込み足をばたばたして凧買ってくれと言えば良いと入れ知恵をして、結局凧と凧糸を買わされます。帰りがけ空地がありましたので二人して凧揚げを始めますが、だんだん親父の方が夢中になってしまいます。とうとう息子から凧を取り上げ一人で空地を駆け廻っておりましたが酔《よ》っ払《ぱら》いに突き当ってしまいます。

「どうもすいません。こいつが間抜けなもんですから突き当りまして、何分大人のいたした事ですから、どうか御勘弁願います」（初天神）

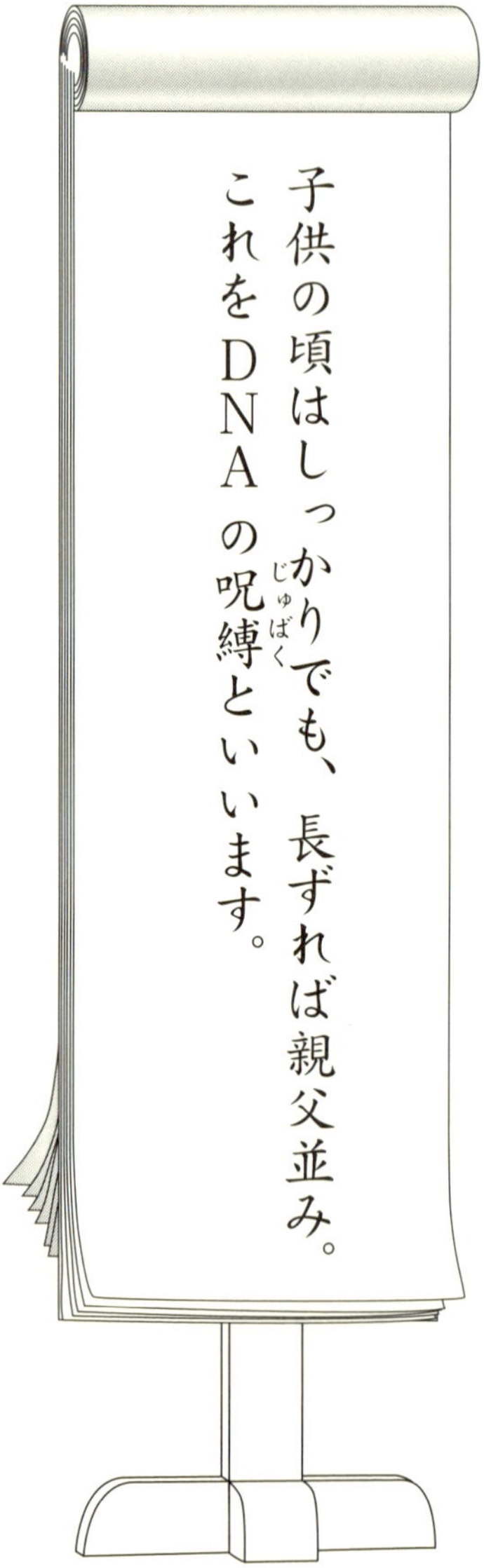
子供の頃はしっかりでも、長ずれば親父並み。
これをDNAの呪縛《じゅばく》といいます。

四　六尺棒《ろくしゃくぼう》

放蕩息子に怒れる親父

実際にどれだけいたのかは良く判りませんが、噺の中にはどうしようもない放蕩息子、道楽息子が良く出てまいります。しかしこれは逆にいいますと当時の人達の一つの憧れであった訳ですから、稀なケースであった事は間違いありません。大体が大店の一人息子で、自分以外の跡取りがいない事を見透かしての勝手のし放題というところが相場です。

当時は長子一子相続であった訳ですが、お家第一から自分よりはるかに出来の良い次男などがいる場合には長男は勘当、廃嫡のリスクも高くなります。おのずからその行動も慎重になったのでしょうが、一人息子ならばその気兼ねもありません。

お金があって暇もある、となりますとやはり人間は弱いものの様でありまして、地道に商売の勉強をするというよりも、道楽の方に走りがちであります。当時の大多数の庶民の子女は、十歳から十二歳位で奉公に上がり、これの年季が十年、お礼奉公が一、二年が相場でありましたから、道楽にふけっている暇はありません。若旦那と呼ばれる大店の御子息なんかが、放蕩息子の最大の供給源であった事は間違いないところでしょう。

現代におきましては有名芸能人の子弟などが事件を起し、大々的に報道されたりしますが、これは有名税というものでありまして、現実の虞犯《ぐはん》少年（犯罪を犯す虞《おそれ》のある少年）、非行少年の発生割合は国民平等であります。これ正に日本国民の経済基盤の平等化の証左に他ならないことであり、誠に結構な事であるとしか申し様がございません。

さる大店の若旦那、放蕩帰りできまりが悪く、酒の勢いを借りての御帰還です。

番頭、手代、丁稚、誰でも良いから起きて来てくれれば良いと思っておりましたが、出て来ましたのが一番具合の悪い親父でありました。門口《かどぐち》を開けてくれと頼みましても、空とぼけて開けてくれません。

「商人《あきんど》の店は十時限りでございます。お買物は明朝にお願いします」

「孝太郎です、明日から外に出ませんから今夜は開けて下さい」

「孝太郎って、ああ、孝太郎のお友達ですか。うちにも孝太郎ってせがれがおりましたが、商人の息子でありながら夜遊び火遊びのし放題のやくざ者ですので勘当しました。孝太郎にお会いになりましたら帰って来なくて良いと、お伝え下さい」

（大泉でも小泉でもない孝太郎は落語に出て来る道楽息子の通り名です。）

勘当も正式のそれは町年寄または奉行所で勘当帳に記録し、人別帳からも除籍しましたが、そこまで正式にはやらない内証勘当との方法が一般的でありました。親類、縁者、得意先などに廻状を出し以後おつき合いのない様にと依頼したものだそうです。流石にそこまでやられますと本人も反省し、親父に詫びを入れ、とりあえずは復縁を果たしたそうですが、その後は本人次第であります。

この孝太郎も勘当と聞きますと開き直り、この場で死んでやると喚《わめ》きましても親父は、

「死ぬ、死ぬと言って死んだ奴のいたためしはありません」

と、取り合ってくれません。とうとう自棄《やけ》を起した若旦那、

「どうせ他人の物になってしまうこの身上《しんしょう》、この手で火を付けて灰にしてやる」

嘘と思ったら本当に門前の炭俵に火を掛けました。親父も流石にこれには驚いた、馬鹿息子をぶん殴ってやると六尺棒を引っ掴《つか》んで飛び出しましたが、若い者の足には敵《かな》わず取り逃してしまいました。

店に帰って来ましたら入り口はぴったりと閉まっております。番頭が気を利かして閉めておいてくれたのだろうと、戸をたたきます。

「どちら様ですか。商人の店は十時限り、今日はお引き取り頂いて明朝お越し下さい」

「馬鹿野郎、お前の親父の孝右衛門だ」

「ああ、孝右衛門のお友達ですか。うちにも昔孝右衛門という親父がおりましたが、働くばかりで金を貯める一方でどうしょうもないので勘当しました。お会いになる時がありましたら、もう帰って来なくて良いとお伝え下さい」

「何言ってやがる。そんなに俺の真似がしたかったら、六尺棒持って追いかけて来い」

親父が息子の放蕩を諫《いさ》める最終兵器が勘当でありましたが、これも身代の継承という価値が共有されていればこそです。現代日本において親が子にする諫言《かんげん》に効き目が薄いのも、この価値の共有がないからなのでしょう。さる昭和の若旦那、

「お前はこの家を継ぐ人間なのだから、ここのところは私の言う事を聞きなさい」と言われ、

「冗談じゃない、こんなチンケな家は要らネェや。自力で国立博物館程度の家を建ててやるから、そん時驚くなってんだ」

この若旦那の現状は世間では余り知られておりませんが、私は良く知っております。

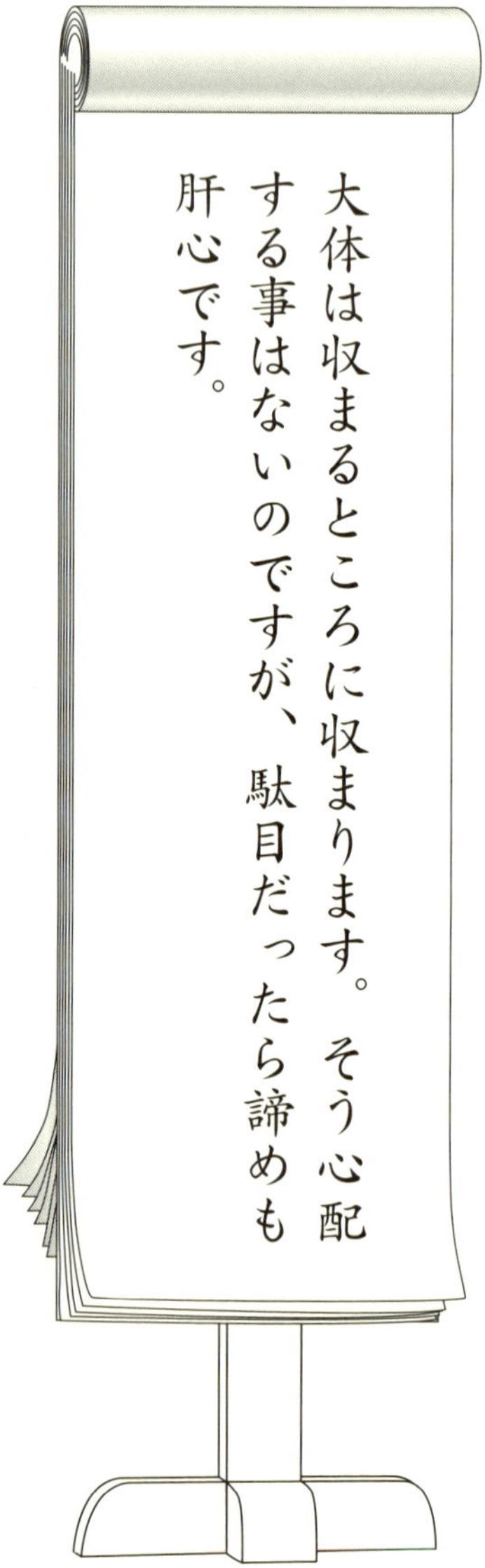
大体は収まるところに収まります。そう心配する事はないのですが、駄目だったら諦めも肝心です。

五　百川《ももかわ》　どじ拵《こしら》えでやって来ましたのは、さて

現代はマニュアル社会とか申します。電化製品を始めとする機械類、車、カメラ、携帯電話など何でもそうですが、機能が大変増えましたから、購入する時にいくら詳しく質問致しましても現実に使用する時の状況を全て網羅出来る訳ではありません。分厚いマニュアルを渡され、これを読んでくれというところが相場となりますが、中高年ともなりますとこれが中々覚えられませんのも悲しい限りではあります。

接客業、ファーストフード店などは全ての業務に関し詳細な作業マニュアルが作成されており、この通りにやれば、アルバイト、パートでありましても短時間で立派な店員になれる仕組みとなっております。しかしながら一般の会社の営業職などに就職致しますと、社内外の対人関係の構築がポッと出の新入社員にとりましては大変難しい業務修得となります。

車のディーラー、百貨店、スーパー、専門店などの販売業、事務機販売、金融業など一般人を対象にした仕事であるならばその辺の教育システムもある程度確立したものがあるのでしょうが、商社、メーカー、一般人を相手としない流通業などの営業職は売り込む商品に関する教育は受けたとしても、取引先と接する方法のイロハの教育は実はそれ程は実施されておりません。

先輩、上司にしてみれば自分達が自然に身に着けた事ですので、今更新人に教える程の事とは思えません。気の利いた新人ならば見よう見真似で何とかこなしていけるのでしょうが、それが出来ない人は自然に淘

汰されていく外ありません。社外に去るか、社内に残る場合は当り障りのない部署、主に窓際にありますが、そこに配属されます。それが嫌ならば組織に属するのは諦めた方が賢明というものです。

そんなマニュアルに出来にくい営業テクニック、折衝テクニックにトラブル、クレームに対応する場合は飯前に行くな、とか手土産は現地で買わずちゃんと当方で用意して行けとか、ややこしい話程早急にいきなり本題に入らず当り障りのない世間話などをして、ある程度のコミュニケーションを構築してからやおら始める、などがありますが、この「百川」という噺にも折衝事の肝要が語られておりますかどうか。

日本橋本石町《ほんごく》浮世小路（三越本店の中央通りをはさんで向かい側、鰹節のにんべんのところを入ったあたりと、六代目三遊亭円生は演っておりました）に「百川」という料理屋が明治の初めまで実在していたそうです。こちらに葭町《よしちょう》の口入れ屋（桂庵《けいあん》）千束屋《ちづかや》からの添状を持って百兵衛《ひゃくべえ》さんという田舎から出て来たばかりの人が奉公する為にやって来ました。たまたまおじいさんの形見の羽織を着ていた百兵衛さん、女中さんの代わりに注文を聞きに行ったのが河岸の若い衆の宴席でありました。

異様に丈の短い羽織を着たいかつい男の出現に訳の判らぬ者達が、「お前は誰だ」と問い質《ただ》します。

「わしは主人家《しゅじんけ》の抱《かか》え人で、百兵衛と申します。御挨拶を伺いたくて、まかり越しました」

と、これを聞いた若い衆の中で早っとちりの初五郎、「河岸で人前で口の一つも利こうなんて若い者はあっしぐらいのものなんで」としゃしゃり出ましたが、四神剣《しじんけん》の掛け合い人と聞き間違えてしまいます。というのも前年の祭りの出費の不足を四神剣（旗）（祭礼用の御旗）を質屋に入れて何とかしてそのまんまであったからです。

「御申し越しの事は重々承知致しましたが、今日のところはこの具合をそのまんまお呑み込み頂きたい」と、くわいのきんとんを百兵衛に無理矢理呑み込ませて帰します。何の事かと不審がる一同に初五郎の解説がつきます。

「イヤー、大変な奴がやって来た。こんな顔でも一つ顔だけは潰さない様にと、釘を刺された時は俺はぞーっとしたぜ」

「それにしちゃどじな形《なり》で、言ってる事も良く判らなかったが」

「こっちは血の気の多いのが揃ってんだ。正面切って四神剣を早く出せ、なんて言っちゃ事が荒立つ。わざとどじ拵《こしら》えでやって来てごめんくだせいなんて、芸が細かい、役者が上だ。あれで出るところぇ出れば、親分とか兄ぃとか呼ばれる人なんだ」と、一人合点でありましたが、大誤解であった事は直ぐに知れました。

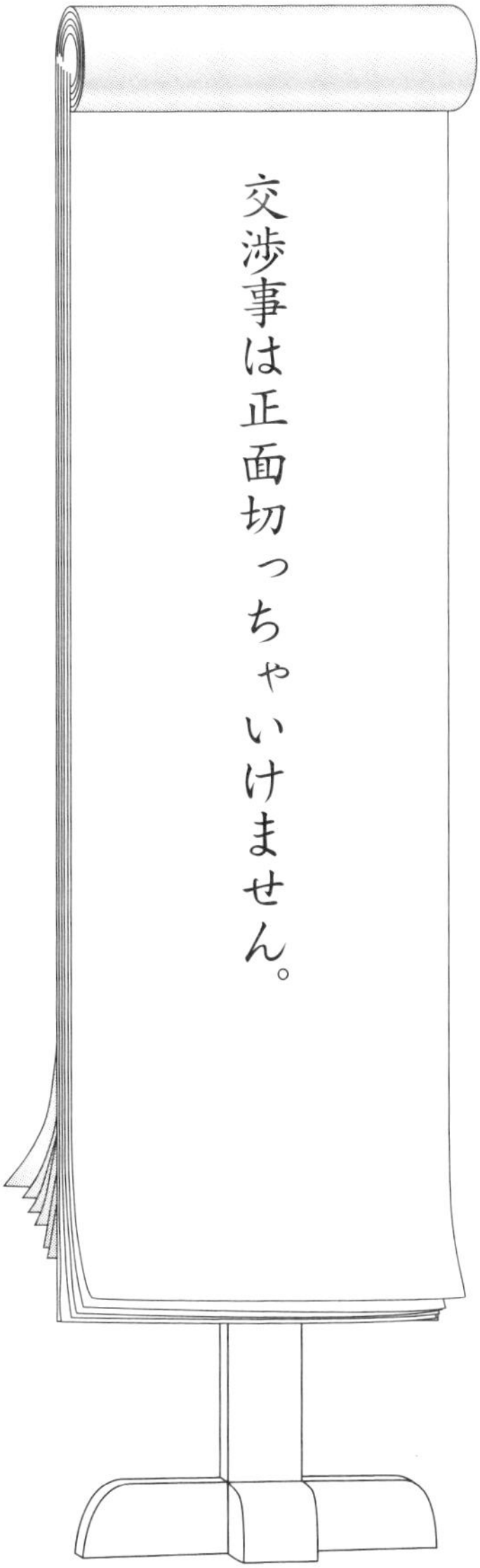
交渉事は正面切っちゃいけません。

六　味噌蔵《みそぐら》、山崎屋《やまざきや》、百年目《ひゃくねんめ》

番頭さんといっても所詮は中間管理職

江戸の頃の大店といいますと本店、本家が他国とりわけ上方にある商家が多かったそうです。それもその筈で家康が江戸開府の際にてっとり早く商業を整備しようとして、既存の商家の大どころを誘致する手法をとりましたのも、現在の工業団地などと同じ事であります。伊勢屋、近江屋などと号する商家がそれであり、江戸名物として、「火事、喧嘩、伊勢屋稲荷に犬の糞」などといわれました。やがて政治、経済の中心が大阪京都の上方から江戸に移行するに従い、本店本家の収益力よりも江戸の出店（江戸店《えどだな》）のその方が強くなり、のぼせ金という江戸店から本店に対する送金が重要性を増し資金的には江戸店が主流となっていきました。経営の主体はあくまでも本店にあるものの日々のお店の運営は江戸店の奉公人に任され、年一、二回の決算、及び経営報告等は書面でなされてその資料が残っており、現在江戸時代の商業活動の実態を知る上で貴重なものとなっているそうです。

その後本店そのものを江戸に移す店、（松坂出身の三井越後屋、つまりは三越など）も多く、その後の東京中心となる経済、商業活動の萌芽は既にこの時代にあったことが知れます。

当時からお店のオーナーである旦那は直接にはほとんど経営にはタッチせず、使用人である番頭、支配人に任せっきりでありましたので、近代資本主義社会における株式会社の所有と経営の分離が既に江戸時代に成立していた訳であります。しかしどんなに強大な経営権力を持とうと、それに伴う経営責任も負う訳ですから日々大変な苦労をしておりましたのも、これも現在の雇われ社長と同じ事で、そうのんびりとばかりはしておれなかった様です。

当時一般的には六、七歳になりますと寺子屋に通い始め、五、六年で卒業して就職、奉公に上がるのが十一、二歳でありました。お店勤《たなづと》めは男子のみで、日々の生活は全て店内であり、年二回の藪《やぶ》入り、五、六年に一度の帰郷の為の数十日間の長期休暇（登り）以外は、独立し別家と認められるまでは原則外泊禁止でありました。

奉公して五、六年で元服し、それまでの丁稚小僧から平手代並と昇格し、初めて雑用以外の業務に従事出来る様になります。二十歳を過ぎる頃ようやく手代となりますが、ここから先は完全な実力主義で、学閥も門閥もありませんから厳しいといえばそうなのですが、当り前といえば当り前の話であります。どの道も険しいことはいつの時代も同じで、大半の奉公人は二十歳

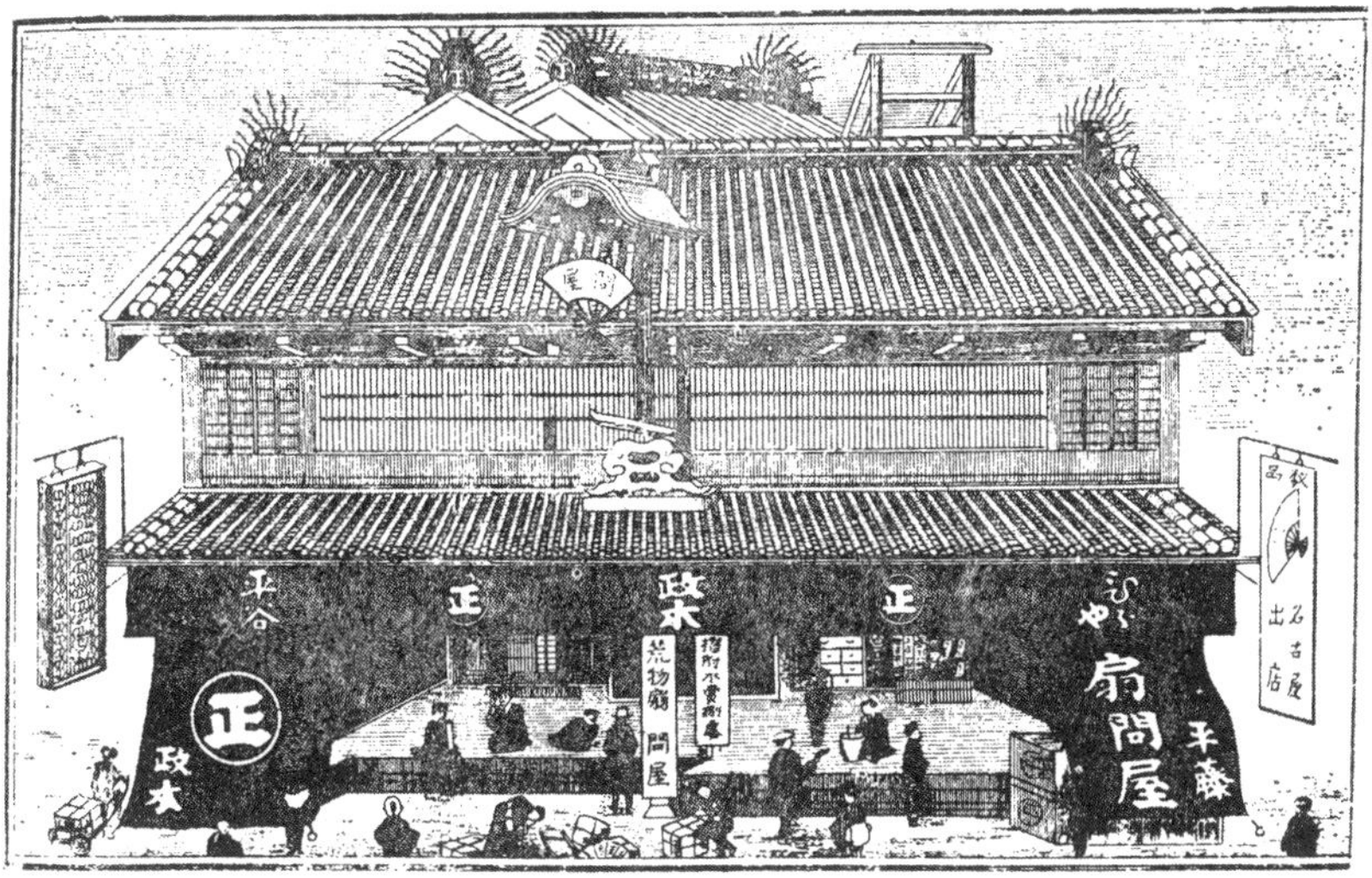

大店の立派な店構えです。軒先から道に張り出してあるのが日除け暖簾で、文字通り日除けと看板の役割を果しました。従業員は男子のみで、丁稚《でっち》、手代、番頭さんまで店に住み込みで外泊禁止でありました。従いまして別家、暖簾分け、独立を認められるまでは妻帯も出来ません。11、2歳で丁稚に入りそこまでに20年から30年。吉原、岡場所が流行るわけです。（『東京商工博覧図絵』）

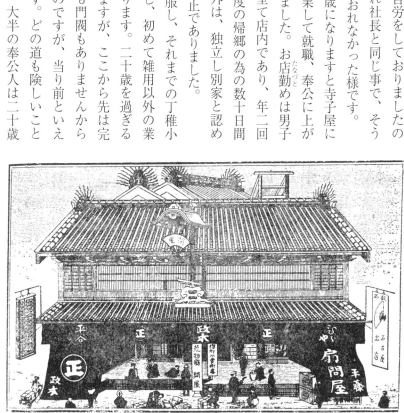

前後の平手代の段階で退職した様であります。米飯主体の食生活の弊害、医療体制の不備などからの死亡、罹病《りびょう》。盆暮れ払いを主体とした売掛商売を悪用した使い込みの誘惑。そんなこんなを切り抜け、克己心強く番頭さんまで登り詰めた人は、当時でも大変なエリートであった訳です。

さる味噌屋の旦那さん、大変なしまり屋で奉公人にろくな物を食わせません。味噌汁の具は味噌をすったすりこぎ棒のこすりかす、といった有様です。この旦那が珍しく拠所無《よんどころな》く外出となりました。奉公人一同が番頭さんに何とかたまには御馳走にあずかりたいとねだります。

「何を言うか。御主人の留守を良い事に、普段食えない旨い物が食いたいだと。しかもその出費は帳面をドガチャカドガチャカしてだと。馬鹿野郎、そんな事はお前達に言われなくともちゃんと私の方で考えてある」

番頭さんたる者、たまには奉公人に良い思いの一つもさせる必要性は判っていた様です。但し大宴会中に思いがけず旦那が帰宅し、大目玉の結果までは計算外でありました。（味噌蔵）

若旦那から店の金を都合して三十両、と頼まれた番頭さん、

「けしからん事を言っちゃいけません。私は堅い事この上なしと、ちゃんと人別帳に届けてあるんだ。この前なんか万世橋《めがねばし》でころんだら、石の橋の方が痛いと言った」

と大見得を切ったのですが、若旦那にはお妾さんがいる事がばれていて、結局は使い込みの共犯となってしまいました。（山崎屋）

さる番頭さん、奉公人達を端から叱り飛ばしております。昨日朝帰りをした手代が吉原に行って来まし

たと白状致しますと、

「吉原ってのは一体どんな原なんだ。芸者ってのは一升いくらするんだ。太鼓持ちなんてもちは私《あた》しゃ食った事がない」

怒るだけ怒ると得意先を廻って来ると出掛けましたが、実は芸者、太鼓持ちをあげての大花見でありました。その馬鹿騒ぎの現場を旦那に見つかり、大あわての番頭さん、

「これはどうも大変お久し振りです。皆様お変わりございませんか」と挨拶してほうほうの体《てい》で逃げ帰りました。翌日旦那から番頭たるものたまに器用に遊ぶくらいで丁度良いんだけれど、あの昨日の挨拶は何だったのかと聞かれ、

「こんな姿を見られて来年の暖簾分けの話もパァになったか、もう百年目。と思いました」（百年目）

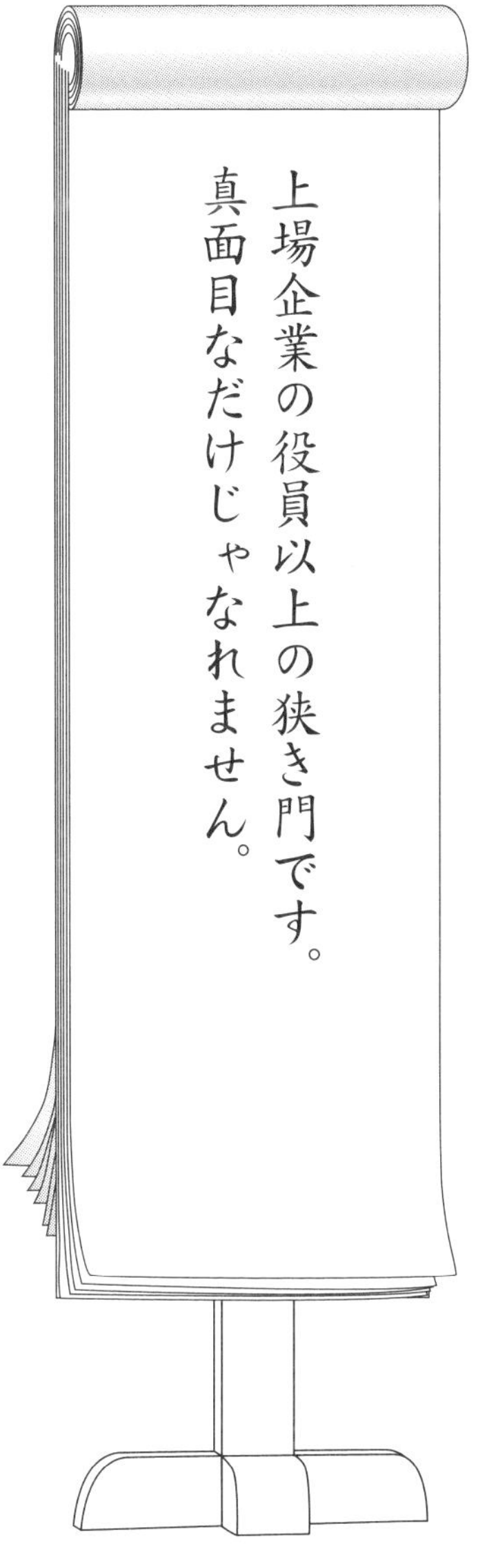
上場企業の役員以上の狭き門です。
真面目なだけじゃなれません。

七　水屋《みずや》の富《とみ》

持ち慣れない大金に周章狼狽《しゅうしょうろうばい》

江戸時代も現代も楽に大金を得ようとしますと、その方法は博打《ばくち》と泥棒と宝籤《くじ》（富籤《くじ》）だけであります。しかし博打は現代の三競オート、つまり競馬、競輪、競艇、オートレース、江戸時代の賽子博打《さいころばくち》、ともにその最大の目的とするところは実は大金を得る事ではありません。レース発走前、どの目を買うのも自由です。自分なりにああでもない、こうでもないと考え有り金勝負をかけます。当ればかけ金が十倍、百倍、千倍、最近では万倍も当り前となっておりますが、ギャンブラーの目的は一か八かの瀬戸際に立つスリルにあるのです。それが証拠に熟考の結果が配当の低い場合、躊躇《ちゅうちょ》なくその目を捨て、確率の低いと自己判断した高配当の目を買って、外れて納得しております。

さらにたまさか大金を手に致しましても、そこでスッパリ博打から手を引き、その金を元手に小商いを始め一生安穏《あんのん》に暮らしました、なんて話はついぞ聞きません。大抵はその金をさらにギャンブルに注ぎ込み、やがてはスッテンテンのテンとなって初めて己が愚かさに気付いた時は後の祭り、アフターフェスティバルでありました、というのが落ちとなっております様で。そこから博打とはつまりその場に朽《く》ちるところからきたと、五代目志ん生師匠は言っておりました。泥棒の方は逃げおおせれば良いのかも知れませんが、それでも悪銭身につかずの譬《たと》え通りが大半であり、逃げ切れず塀の内で健康的な生活を送るか釜茹でにでもなると相場が決まっております。

宝籤、富籤の方はスリルが欲しい訳でもなく、生命を懸けた勝負に出る度胸がある訳でもなく、単に体力も知力も使わずに金銭を得たいだけですから、目的の金銭を得ましたらそれ以上望む物は何もありません。その目的に沿った消費、貯蓄などをなし、以後は籤関係には手を出しません様です。但し、この宝籤に当った人、という話は友人、知人、親戚などで全く聞きませんのも不思議といえば不思議でありますが、その当選確率からいって当り前といえば当り前なのかも知れません。

さて、江戸時代の富籤ですが、これも現在の国家財政に良く似ておりまして、財政事情の悪化した江戸幕府が本来その費用を負担しなければならない寺社への出費を軽減すべく、寺社自力の資金調達の手段として籤販売を認めたものでありました。消費税の導入もしくは一般増税などという策は取らなかった訳であります。享保十五年（一七三〇年）の仁和寺修理費の為を初めとし、享保二十年（一七三五年）の谷中感応寺《かんのうじ》、目黒不動滝泉寺《ろうせんじ》、湯島天神喜見院《きみいん》の修理費用捻出の為に富籤販売が公認され、この三つはその後も江戸の三大富として多くの人気を集めたそうです。余りに過熱した流行を危惧した幕府は寛政の改革（一七八九年）で一旦は禁止したものの文政年間（一八一八年～一八三〇年）に復び許可し幕末に至ったそうです。

水屋を営む人に千両の富籤が当りました。この水屋とは文字通り水を売って歩く商売です。神田上水、玉川上水の通じていなかった本所、深川地区の井戸水は海岸地区の埋立地であった為に非常に水質が悪く、飲用、炊事用には適さなかったそうです。そこで江戸城内呉服橋門内の銭瓶橋から放出される上水余水を売水しておりましたのが水屋です。元は只の水ですから料金は取れず、運搬費として一荷四文の小商いでありました。しかも扱う品が水というライフラインである為休む訳にはいきませんし、重労働、低収入の割りの合わない稼業であった様です。この富に当った水屋さんも、早く商売は止《や》めたいものの、代わりの人が見つかるまではそうもいかず、商売に出ている留守の間のお金の事が心配で何をやっても手に着きません。寝ていても強盗に入られる夢ばかり見て、熟睡出来ません。お金は縁の下に隠しおき、日夜棒で突ついては安全を確認しておりました。その変な様子に感づいた長屋の向かいのやくざ者が、水屋さんが商売に出た留守にこの金を盗んでしまいます。

いつもの様に縁の下を探って金包みが盗まれた事を知った水屋さん、

「ああ、これで安心して暮らせる」

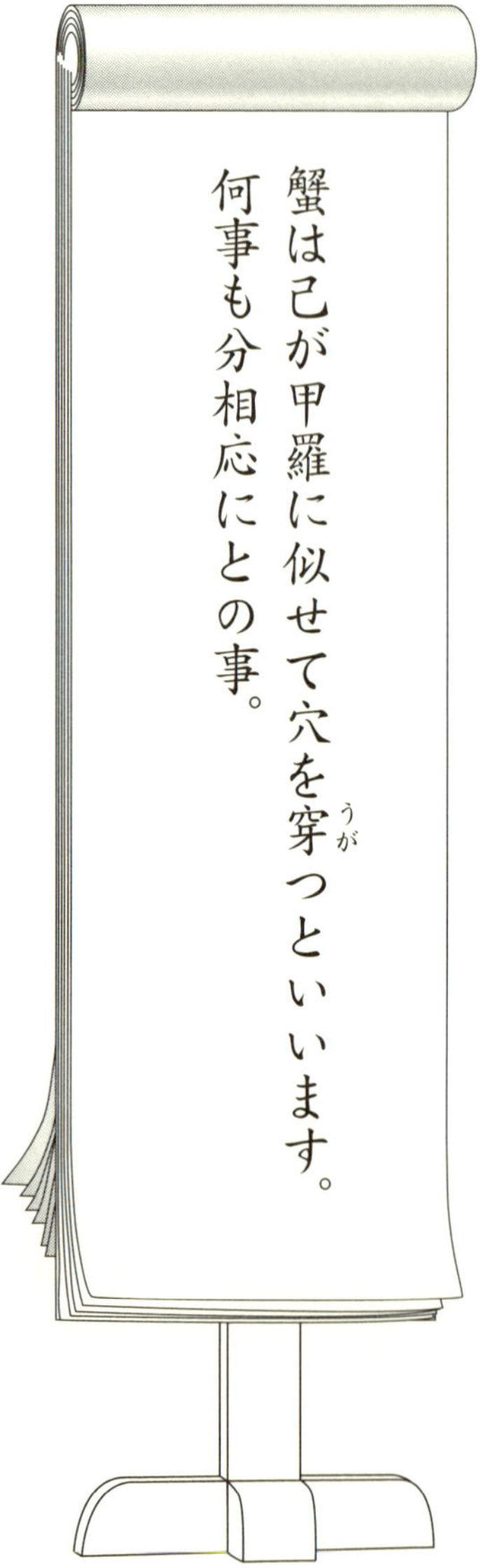
蟹は己が甲羅に似せて穴を穿《うが》つといいます。
何事も分相応にとの事。

八　子別《こわか》れ

しっかり息子、鎹《かすがい》となる

鎹といいますと建材の合せ目をつなぎとめる為に打ち込む両端の曲った大釘ですが、そこから両者の間をつなぎとめるものの事をいい、子は夫婦の鎹などといいます。確かに一緒になった当時は好いて好かれた二人でありましても、五年、十年と経つうちに単なる同居人、顔見知りとなってしまいますのも、これは良くある話であります。目と目が合っただけでドキドキした胸も、今ではドキドキしたらこれは狭心症であります。

確かに恋愛時代の二人と、法的に成立しているかは別にしても夫婦となり、同棲してからの二人とは決定的に異なる次元の世界にあるものなのでしょう。つまりは恋愛時代はあくまでも個人と個人の関係におけるつながりであり、夫婦となってからのそれはワンペアとしての、社会を構成する関係なのでしょう。社会がうまく機能していく為にはルール、規制が必要であり、規制は時としてその社会の構成メンバーにとりまして束縛として機能するものなのです。それが我慢、理解出来ない人が、愛の狩人として荒野をさまようことになるのです。しかし、こむずかしい理屈をこねる前に、大半の人達はこの二人の関係が個々から社会へ質的変化する旨を自然に受け入れ、共白髪《ともしらが》となっていくのであります。そんなところの象徴が「子は鎹」なのでしょう。つまりは今更これといって恋心を抱く訳ではないものの、産《な》したこの子は間違いなく我が子なのだから、是非とも幸福な人生を送らせてやりたい。その為にはこの夫婦が全力で協力し合うのが何よりなのは間違いないのだから、家庭第一、家庭を主眼にやっていきましょう。と、いったところが大半のお父さん、お母さんの考えなのですから離婚率は高くなったとしても未だ現在の水準にあるのです。

もちろん、この鎹たる子のなき夫婦におきましても円満なる家庭生活を送る方の方が圧倒的多数を占めております。これは子の存在が円満な家庭を築く要素の象徴なのであり、必須の条件ではないことの証拠に他なりません。繰り返しますが、肝心なのは個々から社会へと変化した二人の関係性が受容出来るか否かなのです。そんな事を教えてくれる噺がこの「子別れ」であります。


大工の熊さん、お屋敷奉公をしていた娘を見初め、半襟や前掛けなんぞを買ってやり気を引きます。お屋敷の奥様の口添えもあって夫婦となって、金坊という男の子も授かりましたが、熊さんの酒癖の悪さは改まりません。お得意の大旦那の葬式の振舞い酒の勢いで吉原に繰り込み三日も居続け前借りした給金を使い果たして御帰還であります。照れ隠しのノロケ話を聞くうちに女房もとうとう腹に据え兼ねて、

「もうお前さんとは暮らせない、離縁状書いとくれ、三下り半《みくだりはん》、一本決めて下さい」

「手前ぇ、俺が字が書けない事を知っててそんな事を言いやがるな。仲人にはこの壊れた五合徳利でも持ってっとけ。一升の別れでございます。逆《さかさ》に振っても夫もないってな」

「おとっつあん、本当に出ていっちゃうぜ。謝るなら今のうちだぜ」

「ウルセイ、女なんて水溜まりに棒切れ突込んで掻き回しゃいくらでも湧いて出らァ」

取り付く島もない熊さんに呆れ果ててお上さん金坊を連れて家を出ました。

二、三日すれば迎えに来るからと仲人の家に身を寄せていましたが音沙汰ないまま日が過ぎ、熊さんは吉原の女の年季が明けたのを良い事に一緒になりましたが、うまくいく筈もなくこの女とも別れてしまいました。つまり個と個から社会へと変化した関係性が理解出来ない、という事です。しかし、ここで目の覚めた熊さん、酒を断ち三年経って立派な棟梁となりました。そんなある日たまたま道で金坊に出会います。五十銭の小遣いを与え、翌日鰻をおごる約束をして別れます。

「わぁ五十銭だ。おとっつあん景気が良いんだね。昔は十銭くれって言ったら帝釈天みたいな眼をして怒ってたね。イャー、歳は取るもんだ」

長屋に帰った金坊、五十銭を持っているのを母親に見つかりますが、内緒にとの父親との約束からその出処を明しません。

「良し判った。言いたくないなら言わなく良い。いいから表を閉めてここに座りなさい」

金坊を座らせたお上さん、キッと目を据えて睨みつけます。

「畜生、女親だと思って舐めてやがって。こっちは三度のものを一度にしたってお前に不自由はさせなかったつもり。人様のものに手を付けるなんて情けない。この玄能《げんのう》（金槌）はおとっつあんの物、この玄能で叩くのはおとっつあんがお仕置きをするのと同じこと。サァ、頭割ってやるから、ここにお出し」

ここまで言われますとやはり子供です。親父に会って五十銭貰った事。明日昼に鰻を御馳走になる事を白状致します。金坊をその日は湯屋に行かせ、当日は小ざっぱりした形《なり》をさせ長屋を出しますが、やはり気になります。半天かなんかを引掛け、薄化粧をして鰻屋の座敷に上がって行きます。

「すいません。どちら様かは存じませんがうちの子がすっかりお世話になりまして。アッ、お前は熊さん」

と、三年振りに再会した二人でありますが、そう簡単に打ち解けて話も出来ません。業を煮やした金坊が、

「二人ともそう固くなってちゃ駄目だよ。思ってる事を素直に言えば良いんだよ。そう仲人に世話を焼かすなよ」

そう言われた熊さん詫《わび》を入れ、復縁を願います。お上さんも元より願ったりの事です。

「この子のお蔭でまたよりが戻りましたねえ。本当に子は夫婦の鎹ですねぇ」

「あたいは鎹かい、それで昨日おっかさんがあたいを玄能でぶとうとしたんだ」

熊さん家庭の社会性、つまりその規範を受容した、という事なのでありましょう。

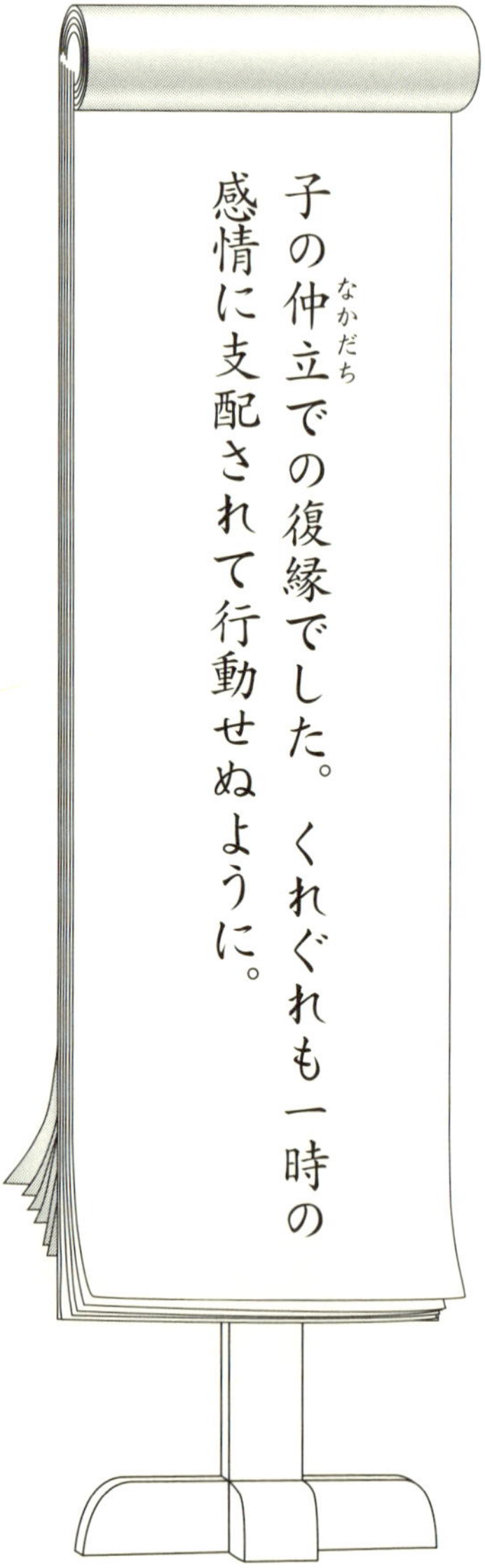
子の仲立《なかだち》での復縁でした。くれぐれも一時の
感情に支配されて行動せぬように。

九　替《かわ》り目《め》

お多福だ、化けべそだと口では言ってみたものの

現代日本におきましては男女平等となり、夫婦でありましても問題なく夫が偉い、当然の事として夫が威張っている、などという事はなくなりつつあります。しかし猿の名残りの尾骶骨《びていこつ》の様に、戦前までの男尊女卑の風潮が全く払拭された訳でもないのは事実であります。現実社会におきましても経済力、貨幣獲得力、生産力など、基本的には単純にその基礎体力の差異から発生するところの文字通りの力の差は存在します。しかし全人類に関していえる事ですが、その力の差には本当は価値の差なんてないのです。だって、価値なんてものは人間が決めた約束にしか過ぎず、その時々によって変化するものであり、人によってあったりなかったりするだけのものでしかないからです。人類を含めてこの世界に存在するもの全ては、唯単にそこに存在しているだけの事であり、そこに価値も意味もないのであります。百メートルを九秒で走れる人と、一時間かけても辿り着けない人も同じ事なのです、価値も意味もないという点においては。これを零《ゼロ》の等価性といい、平等という事は、つまりはこういう事なのであります。男尊女卑の思想は、武力闘争が最後、最終、最強の問題解決方法であった時代の名残りであります。戦闘行為は腕っ節しの強い方が有利であり、男と女であれば総じて男の方が体力的に勝り、つまりは戦士に向いております。そして国を、地域を、家族を守る為の最終担保が戦闘力であった場合、戦士は、非戦闘員よりは優遇されます。何故ならばまさかの時にはその身命を賭《と》してそれらのものを守らなければならないからでありましたから。

しかし現代社会はいうに及ばず、江戸時代にもなりますと、武士階級ですら、武断より文治となり、農、工、商におきましてはさらに顕著に非武力化が進行致しました。従いまして落語の中でも、強い女房、武士をやっつける職人、世の中を牛耳る商人、などが登場し説得力ある笑いを提供しております。

この替り目という噺も五代目古今亭志ん生が白眉とされ、というより他の人がこの噺を演ったという事は聞いた事がないくらい秀逸とされました。

外でしたたか飲んで御帰還なさった亭主殿、女房相手に言いたい放題、威張り散らしております。

「百万年前の蜥蜴《とかげ》みたいな顔《つらぁ》して、もう飲ませませんなんて言うから、こっちだって飲むってなるんだ。外は外、内は内、お口直しに一杯召し上がりますかって言われりゃ、もう止《よ》しとこうってなるんだ」

と言いつつ結局飲む事となりましたが、ちょっとつまむものが何もありません。

「今朝食べ残した納豆が三十五粒あった」

「食べちゃった」

「何でそんな言い方しか出来ないんだ。もう少し女らしく、もう頂きましたと、何故言えない。らっきょうがあったろ」

「もう頂きました」

「鮭が残ってたろ」

「もう頂きました」

お新香もなく、糠床にも何も入ってないとなり、横丁のおでん屋に買いに行け、となりました。女房殿が外出したと思い亭主の独白が始まります。

「馬鹿野郎、おたふく、かっぱ虫、おどかしたら買いに行きやがった。女なんてうじゃうじゃいるんだ。俺が外へ出て鈴《りん》を鳴らせば嫌って程集まって来るんだ。とは言うものの、こんな飲んだくれの男に良くしてくれるよな。おたくの奥さん美人ですねって言われるけど本当にそうだよな。俺にはもったいない、女房大明神だ」

人の気配に振り向きますと、女房が笑って聞いておりました。この先、通りがかりのうどん屋に酒の燗だけさせ、帰って来た女房がすまながってもう一度うどん屋を呼びますが、「よそう、そろそろ銚子の替り目だ」と呼ばれたうどん屋が言うところから外題を「替り目」と呼びます。

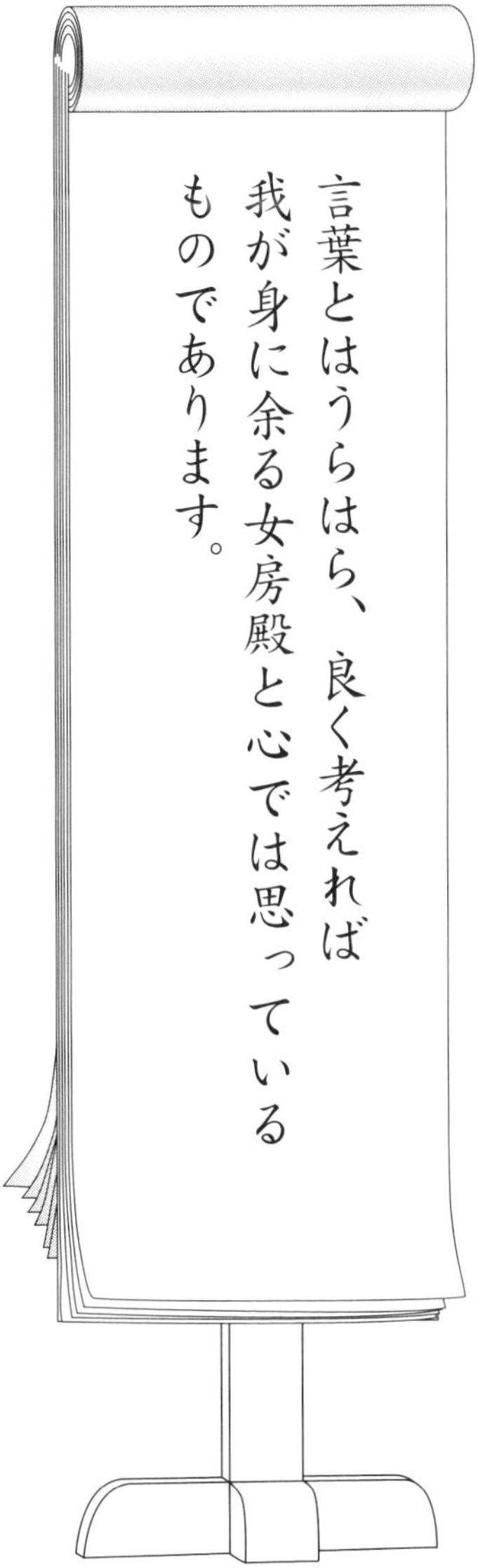
言葉とはうらはら、良く考えれば
我が身に余る女房殿と心では思っている
ものであります。

十　お直《なお》し

惚れた女房を遊女にして、亭主はポン引き

色里で遊女と若い衆の色恋は御法度。しかしひょんなことから恋仲になってしまった二人、楼主の粋なはからいで夫婦にして貰いました。女の方は遊郭のおばさん、別名遣り手婆あ、男の方はそのまま若い衆として雇ってもらい、風呂飯付きの通いの勤めという好条件でありました。遣り手の収入の多くは客、遊女からの心付け、今様にいえばチップでありこれは貰い放題であります。若い衆の方も稼ぐばかりで出銭がないから貯る一方の二人でありましたが、そうなりますと男の方に怠け心、遊び心が湧いてまいります。まさか仲《なか》（吉原）で遊ぶ訳にもいきませんが、こつ（千住）を始め手軽な岡場所はいくらでもあります。往き還りにちょっと一杯、ついでに悪い仲間に誘われて、「さあ、張った張った。よっ勝負」なんてことになってしまいます。勤めの方も十日に一度が五日に一度、三日に一度と休み、とうとう休みの方が多くなり、そうなりますといくら気の良い楼主でありましても、女ともどももう要らないと、代わりの者を入れざろう得なくなり二人して失業となりました。

いよいよ明日の米さえなくなった二人、男の友達の勧めで、蹴転《けころ》を開業しようとなりました。蹴転とはけっころばしの略で、客を蹴飛ばしてでも、脅かしてでも銜《くわ》え込み、銭を巻き上げようとする最下層の売春でありあります。戦後の赤線、青線風にいいますと「ショートタイム」、「ちょんの間《ま》」専門でありまして、一応するべきことはするのですが、江戸時代一回二百文で数をこなそうというやり方でありました。従いまし

て一回の所要時間が線香一本が燃え尽きる時間と一応はなっております。しかし客が盛り上がりそれでは済まないとなりますと今でいう延長、当時は「お直し」といいました。お喋《しゃべ》りだけで間を持たせ、「お直し」を繰返し二百の商売を四百、六百とふくらませるのが女の腕となりまして、その為には多少おいしい事も言わなければなりません。頃合いを見計らって客が納得する様に「お直しです」と注意を喚起するのが若い衆の役目となっておりました。もちろん、客と女の間で何かトラブルが発生致しますと、「おう、何でい何でい、何か文句があるなら俺が聞こう」と言うのも若い衆の受け持ちであります。

幕府官許の遊里である仲（吉原）では蹴転とは呼ばなかった様ですが、大門を潜《くぐ》って左手に行ったどんずまり、おはぐろどぶ沿いの河岸を、羅生門河岸と呼びました。つまりは、平安時代の武将源頼光の四天王の一人渡辺の綱《つな》の羅生門の鬼退治の故事からの命名であります。鬼が切り落された腕を取り返しに来るというあれです。羅生門河岸で「兄《に》いさん寄ってらっしゃいよ」と一と度《たび》腕をつかまれましたら、切り落すまで離さない位強引に持って行かれる、といった感じであった様です。通称「蹴転」といいますと、上野山下、浅草、下谷あたりの下級娼家をいった様でありますが、やってる事は羅生門河岸とそう変わりはなかったと思われます。

さて、土間と二畳一と間《ま》程の部屋を借り、多少は衣裳も整えて女は女房、若い衆は亭主という「蹴転」の開業となりました。

「商売の為だから色々言うけどさ、甚助《じんすけ》起す（やきもちをやく）んじゃないよ、お直しだよってちゃんと言うんだよ」と念を押されて客引きを始めます。多少は歳は取っても流石元は仲にいた女です。そこらの蹴転の女とは違いますから初めての客と意気投合、女の三十両の借金を肩代わりして夫婦になろうとの約束まで交して、客は帰って行きました。

「俺は止《よ》すよこんなことは、三十両持って来たらあいつと夫婦になるのか」とふてくされる亭主、

「頼まれたからこんな事やってんだ。お前さんと一緒にいたいからなのに、人の気も知らないで」

「あやまるよ、悪かった、好きで一緒になったんじゃないか。泣くんじゃないよ」

そこに先程の客が帰って来てこの様子を見て、

「直してもらいよ」

昭和三十一年五代目古今亭志ん生はこの噺で芸術祭賞を文部大臣より受けました。

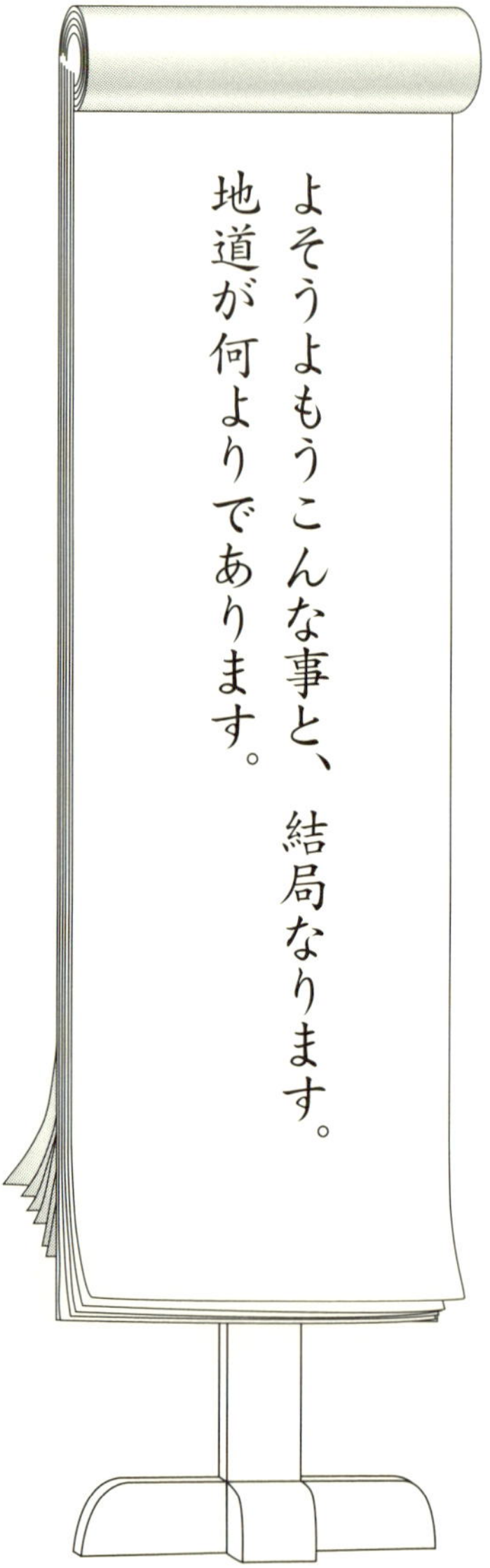
よそうよもうこんな事と、結局なります。
地道が何よりであります。

十一　風呂敷《ふろしき》、紙入《かみい》れ

町内で知らぬは亭主ばかりなり

噺に出てまいります夫婦といいますと、大方はしっかり者のお上さんと、ちょっとぼボーッとした亭主という組合せであります。そんな二人ですから夫婦喧嘩といいましても大変しまらないものが多い様です。

「冗談じゃネェや、手前《てめえ》なんかシャツの三ツ目の釦《ぼたん》みたいなもんなんだ。あってもなくってもどっちでも良んだ。出て行きやがれ」

「何聞いた風な口利いてんだい。こっちは仲人に一杯食ってんだ。どこだって行くとこあんだから。出て行くから返しやがれ、人のシャツ着てるくせに」

「馬鹿野郎、手前こそ人の猿股《さるまた》はいてるくせに。口を荒して、それでも女かよ」

「女かそうでないか、手前の胸に手を当てて聞いてみやがれ、思い当る節があるだろう」

マァ、こんな感じで何とも締らないところですが、これ位で丁度うまくいくのでしょう。こんな言い争いをしておりましても落語の世界では、不義密通の噺は余り見当りません。浄瑠璃、歌舞伎の世界とは大違いですが、それもその筈で、江戸時代の武士などは、不義密通を働いた男女はその夫から、重ねて四つにされても（つまり二人真二つに切られる）文句は言えない決まりになっておりましたし、明治維新後の刑法におきましても姦通罪は立派に存在し、これが刑法から削除されましたのは、何と昭和二十二年（一九四七年）の事であったのですから。つまりは噺のネタにするには洒落にならない題材であった訳なのでしょう。江戸時代の吉原におきましても、女郎と客の間は疑似夫婦関係が成立し、馴染みとなった客が外の女郎の許に登楼したことが発覚致しますと、浮気者として大変なみせしめの罰を受けたそうでありますが、その世界では守貞の義務は男の方にのみ強調されていた様であります。

時は移り、現代日本におきましては、男女雇用機会均等法の施行を待つまでもなく、そこら辺はいたって自由闊達となっている様であります。それでもやはり男性が守貞義務を負う女性以外の人間に対し行動を起こし、それが為に基本であった二人の関係を破綻させてしまうケースが、その逆よりも圧倒的に多い事実が存在する様です。思うにこれは男女の性的欲求の度合（性的快感に非ず）に応じた結果なのだと、自分自身の青春期に思いを馳せて結論づけられるのであります。


さて、とあるお上さん、町内の兄貴分の所に駆け込んでまいります。寄り合いに行って遅く帰る筈の夫が思いの外早帰りで、町内の若い者を家に上げていた所に出っ食わしてしまったとの事です。この亭主が大変なやきもち焼きで、血の雨も降りかねないところからその若い者を押入れに隠したが、その真ん前に亭主が座り込んで、にっちもさっちもいかないので何とかしてくれとの頼みです。

亭主の気性を知っているならそんな事をしなければ良いのですが、やはり何がしかの下心もあってと言われても仕方ないところなのでしょう。頼むと言われて尻込みをするのも江戸っ子の恥とこの兄貴、風呂敷を持って出掛けます。押入れの前に座り込む亭主に、今、どじな間男を助け出した帰りだとそのあり様を物語りつつ逃亡幇助です。

「こうやって亭主に風呂敷を被《かぶ》せるともう何んにも見えねえだろう。その隙に押入れを開け、早く出てけ、忘れ物するなよ、履物を間違えるなよって、逃してやったんだ」

「そりゃあ、旨く逃しやがった」（風呂敷）

別のお上さんはもう少し悪質で、亭主が泊りの外出と見越して男を引っ張り込みますが、これも思いの外の早帰り、ほうほうの態《てい》で男は飛び出しましたが、紙入れを置き忘れました。翌日、何食わぬ顔で様子見に行きましたが、お上さんがちゃんと始末してありました。

「そんな間男される様な頓馬な亭主だったら、紙入れなんか落ちてても気が付きゃしないでしょうよネェ」

「そうともさ」（紙入れ）

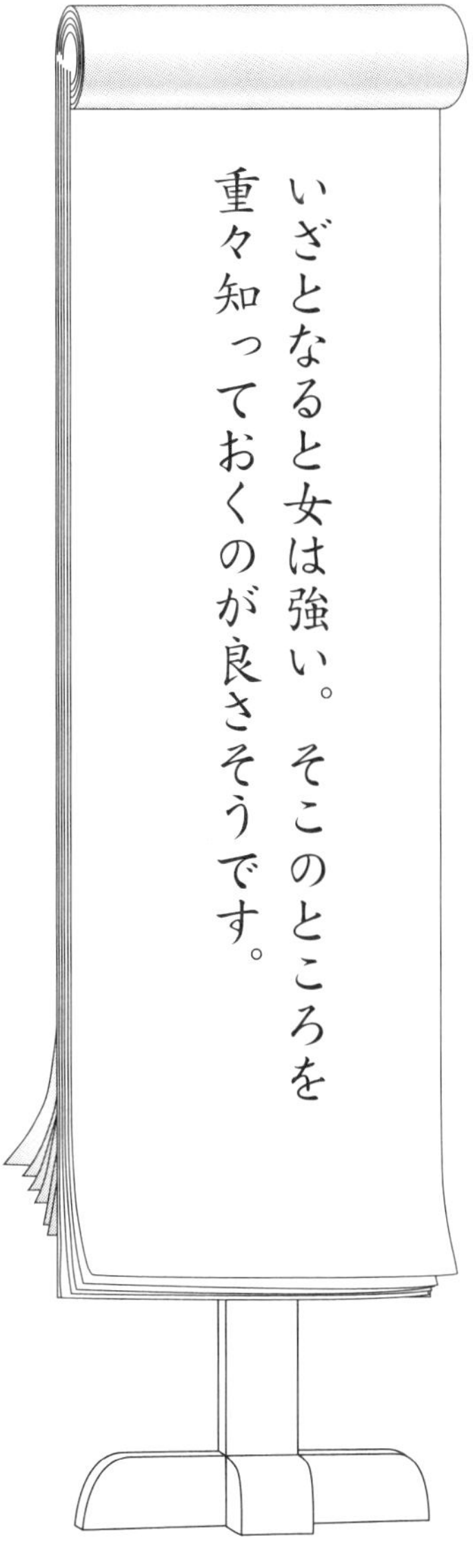
いざとなると女は強い。そこのところを
重々知っておくのが良さそうです。

十二　芝浜《しばはま》

思いがけずに手に入る大金。その時亭主は、女房は

酒好きの魚屋熊五郎、昼日中《ひるひなか》から飲む様になってお客の信用も失ってしまいます。ひょんな事から大金を拾いましたが女房に夢だったと騙《だま》され、心を入れ替えて商売に励み立派に立ち直りました、という人情噺の名作芝浜ですが、三代目桂三木助が絶品といわれ、昭和二十九年の芸術祭奨励賞を受賞しました。三木助自身プロの博打《ばくち》うちで「隼の七」と二つ名を持つ程の一角《ひとかど》の人物であり、ＮＨＫの楽屋にまで借金取りが押し掛け、住所不定、不明であったのは有名な話であります。

それでも晩年には真人間に立ち返った訳ですから、そんなまっとうな社会の外に落ちた人間が世間様に顔向け出来る人生を送れる様になる沸点瞬間の説得力は余人の追随を許さないものがあったのでしょう。

飲む、打つ、買う、どれをとりましてもそれにはまり込んでいる人は、それで当然と開き直っているのではなく、心のどこかでこんな事をしていては駄目だ、いつかこんな事から脱け出したいと疚《やま》しい心を持っているのも事実であります。それでもそんなことを断ち切れない自分に嫌気が差しながら、ずるずると悪事の道の通い路を重ねてしまうものの様であります（多少実感）。薬物依存症の芸能人なんかもそんな事を言っておりますが、そんな事になってしまう原因は必ずあるのですが、同じ境涯に置かれながらそんな物にはまる人とそうでない人が存在するその差異の源泉は何であるのか、本当のところは良く判りません。て、いうか、現在の我々を知るには、たかだか百年二百年、千年万年程度ではなく、四十六億年前の地球誕生

にまで遡って因果の連鎖を求めなければ真実は得られない、というのが正解なのかも知れません。

さて、本題の「芝浜」ですが、当時の魚河岸の本場の日本橋と違いこちらは江戸前の小者専門の魚河岸でありました。港区芝浦三丁目あたりです。

行商の魚屋さん。体さえ丈夫なら元手なしでも始められました。朝1割の高利で金を借り、商売をして夕方返済する烏金《からすがね》。年率3650パーセントの高利でありますが。粗利の3割も取れば成り立つ商売です。（『狂歌四季人物』）

棒手振《ぼうてふり》行商の魚屋熊五郎、根っからの酒好きであります。晩酌に一杯やるくらいなら良いのでしょうが、昼飯時に一杯、二杯とやり、鮮度が勝負の魚屋稼業にも差し障りが出る様になり、お客の信用も失い、仕事も休みがちとなってしまいます。とうとうにっちもさっちもいかなくなり、ありったけの物を売り払って最後の元手を造り芝浜に仕入れに出掛けましたが思いの外早く帰って来るなり、顔色を変えて表を閉めろ、心張《しんば》り棒をしっかりかけろと声をひそめます。

懐から取り出す革財布に二分金ばかりで五十両（三木助は八十二両）、前祝いと昨日の残りの酒を飲み一と眠り、午過《ひるす》ぎに起き出して湯屋に行き、そこらでのたくってる友達を七、八人連れ帰り、飲めや唄えやの大宴会であります。何が何だか訳のわからない友達も、とにかく飲める訳ですから、

「いいじゃねえか。めでてえってことは、何たってめでたくないよりめでてえんだから」

と久し振りの大騒ぎに浮かれるばかりでありました。

さて翌朝目を覚ました熊さんに、昨日の勘定はどうつけるのかとお上さんが問い質《ただ》します。そんなものはあの拾った金で済ませば良いだろうと答える熊さんに、

「何言ってんだい。午《ひる》近くに起きて、湯に行って、友達連れて帰って来て大宴会、大鼾かいて、そんで今じゃないか。いったいいつ河岸に行って財布なんか拾ったんだよ。酒断ちの願かけちゃ破ってばかりいるからそんな浅ましい夢見たんだ」、ときっぱりと否定された熊さん、宿酔《ふつかよ》いのぼうっとした頭で考えて、確かにそんな都合良く財布拾う訳はない、我れながら見下げ果てた根性だと、目が覚めました。それからは酒を断ち馬車馬の様に働いて三年、今では小僧の三人も雇う、店持ちの魚屋となっての大晦日、湯屋から帰って来た熊さんにお上さんが居住まいを正して物語ります。

「この革財布に見覚えはないかい。実は三年前お前さんが芝の河岸で五十両拾ったのを夢だと騙《だま》しておりました。あの時お前さんがこの五十両で旨い物食って、好きなとこ行って、面白おかしく暮らそうって言ったけど、そんな事をしても所詮は拾ったお金。お上の知るところとなって暗い所に放り込まれるのオチ。そうなったら大変と大屋さんに相談したら、届けは俺の方で出しておくからお前は熊に夢だったと思い込ませておけとの事でした。あれから三年、酒を断って必死に働くお前さんの今の姿を見てもう安心。亭主を騙したあたしが悪かった。どうぞぶつなり蹴るなり存分にして下さい」

と平伏するお上さんに熊さん返す言葉もありません。

「まっ、お手をお上げなすって。冗談じゃネェ、お前をぶったりしたら俺の腕が曲っちまうわ。確かにあの五十両使っていたら、入れ墨者となって野垂れ死には間違いないところ。今日《こんにち》こうしていられるのも女房大明神のあらばこそ」

とお上さんを拝み倒します。今日は大晦日、明日は正月仕事も休み、一杯おやりよと用意の酒を出された熊さん、久々の対面に感涙にむせびつつ口をつけ様として、手を止めます。

「止《よ》そう。また夢になるといけねぇ」

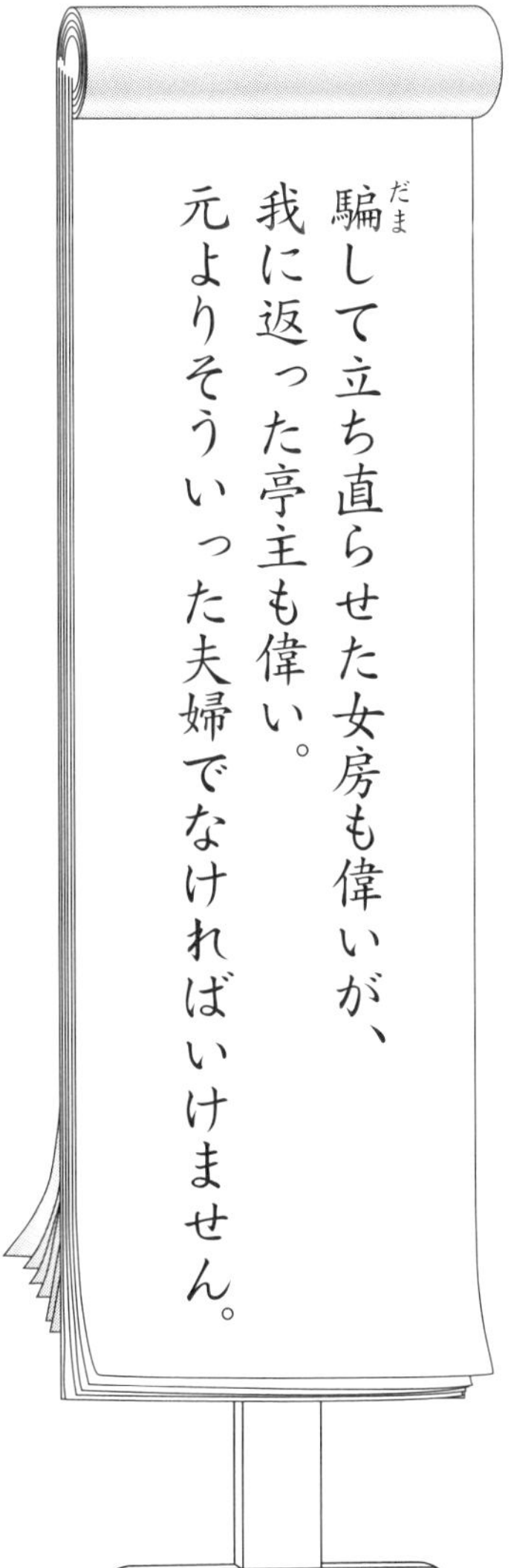
騙《だま》して立ち直らせた女房も偉いが、
我に返った亭主も偉い。
元よりそういった夫婦でなければいけません。

十三　宮戸川《みやとがわ》、死神《しにがみ》、締《し》め込《こ》み

好いて好かれた二人でも日が経つと

遠くて近きは男女の仲、などと申しますがこれは今も昔も同じ事であります。

しかし近くなれば所帯の一つも持とうか、と簡単にいかないのもこれも今も昔も同じことです。江戸の頃は圧倒的多数の新規流入男子が運良く結婚出来たのは約半数でありました。

現代日本では婚姻率も年々低下している様でありまして、結婚を決定する最大の要素は女性の妊娠であります。以前はこんなケースを「出来ちゃった婚」などと呼びましたが、むしろこの方が当り前となった現在はそんな言い方もしなくなり「おめでた婚」と明るく言います。

しかし意外な事に江戸の庶民の離婚率は非常に高かったと推定されます。それは明治初期の統計が物語っております。明治十五年から明治三十年までの離婚率は当時の諸外国に比しても異常な高率を示しておりました。

家督云々が問題となる武士階級、上級商人、庄屋階級、職人の親方、要するに継承すべき資産を有する人々は別なのでしょうが、圧倒的多数の無産階級は、稼ぎの裏付けさえあれば、いたって気楽にくっついたり離れたりしていた様であり、それを否定する社会的要請、思想的背景、宗教的制約など何もなかった事を窺わせます。

そして武士階級の倫理感を全国民に敷衍《ふえん》させせんとした明治時代、大正時代を経て、戦後の混乱期、昭和元禄、バブル期と、時は流れた現在社会は何やら江戸時代に似ている様な気が致しますがいかがでしょうか。かつては結婚を求める理由の多数が、性的欲求の充足及び生活の安定でありましたが、その両者が何も結婚しなくてもある程度は満された今、婚姻率の低下も止むを得ないところなのかも知れません。

江戸時代の庶民の婚儀もこれといった事はせず、簡単な所帯道具を持って同棲を開始するだけが基本的でありましたが、それでも仲人は必ず存在しました。

この仲人なしで本人達の合意のみで成立した婚姻はむしろ異端視され、くっつき合い、野合婚の様にいわれたものであった様です。

毎日の様に将棋にうつつを抜かし深夜の帰宅となり今夜も家を締め出された半七と、向かいの舟宿の娘お花は今日はかるた取りで遅くなってこちらも家に入れて貰えません。

「お花ちゃん、どうしたんです。あたしは今日も締め出し食っちまいました」

「あたしも締め出し食べちゃったの。今夜は締め出しのはやる晩ね」

隣町の叔父さん家に泊ると言う半七に、お花も強引について来てしまいます。そんな二人を見た叔父さん、早っとちりをして二人を強引に一つ布団しかない二階に上げてしまいます。

「二人して富本《とみもと》のおさらい会で舞台に上がり、よっお二人、揃いました、なんて声をかけられたら俺はもう何が何だか判らなくなっちゃって」

「あの頃はおじいさんが二十一でわたしが十八の三つ違い。あらいやだ、今でも三つ違いのまんまですねぇ」

と、昔話にふける階下の二人ですが二階では一つ布団の間に帯を置いて、

「いいですか、こちらが神田でこちらが日本橋ですから、こっちに越えちゃいけません」

背中合せの二人ですが、気丈とはいえ娘のお花、真暗闇はまだ恐い年頃です。にわかに轟く夜中の雷鳴、

「きゃ、半七さん」

と思わず半七に取りすがり、知らず知らずに乱れた裾から雪の様に白い足がこぼれます。

「ここで本が破れちゃってんで」と五代目古今亭志ん生は切っております。（宮戸川）

そんな事で一緒になった二人も、二人の間に緑青《ろくしょう》が吹き出る程一緒におりますと、いつまでもそうとばかりは言っていられません。金策がつかず、家に入るに入れず戸口をうろつく亭主に対し、

「何やってんだよ。自分家《じぶんち》だから入れば良いじゃないか。どこほっつき歩いてたんだよ。気の利いたお化けならいい加減引っ込んじゃう頃だよ。お前なんか古い猫みたいなもんで、いてもいなくてもおんなじなんだから。まさか一銭も持たずに手ぶらで帰って来たんじゃないだろうね。金が造れないなら男やっててもしょうがないから豆腐の角に頭ぶつけて死んでみせろってんだ、この意気地なし」

などと平気でののしり、亭主に自殺を決意させるに至る場合もあります。（死神）

お店出入りの職人がそこの女中に懸想《けそう》いたします。

「うんと言ってくれなけりゃこの出刃でお前を刺して、俺も喉《のど》ォ、突いちゃうんだ。うんと言うか出刃食らうか。うんか出刃か、うん出刃か」

とまで言って一緒になった二人でもちょっとした行き違いから言い争います。

「間男したって、お前さんどうかしたね。お稲荷さんの鳥居に小便でもひっかけたんだろ。前はあたしの事を弁天様って言ったろ、さあ、弁天様をぶてるもんならぶってみろ」

「何言ってやがる、このおたふくが、三島虎魚《おこぜ》の潮前河豚《しょうさいふぐ》の豚灸女《ぶたきゅうめ》」
「豚灸って初耳だ」
「豚が灸すえられた顔ってんだ」（締め込み）

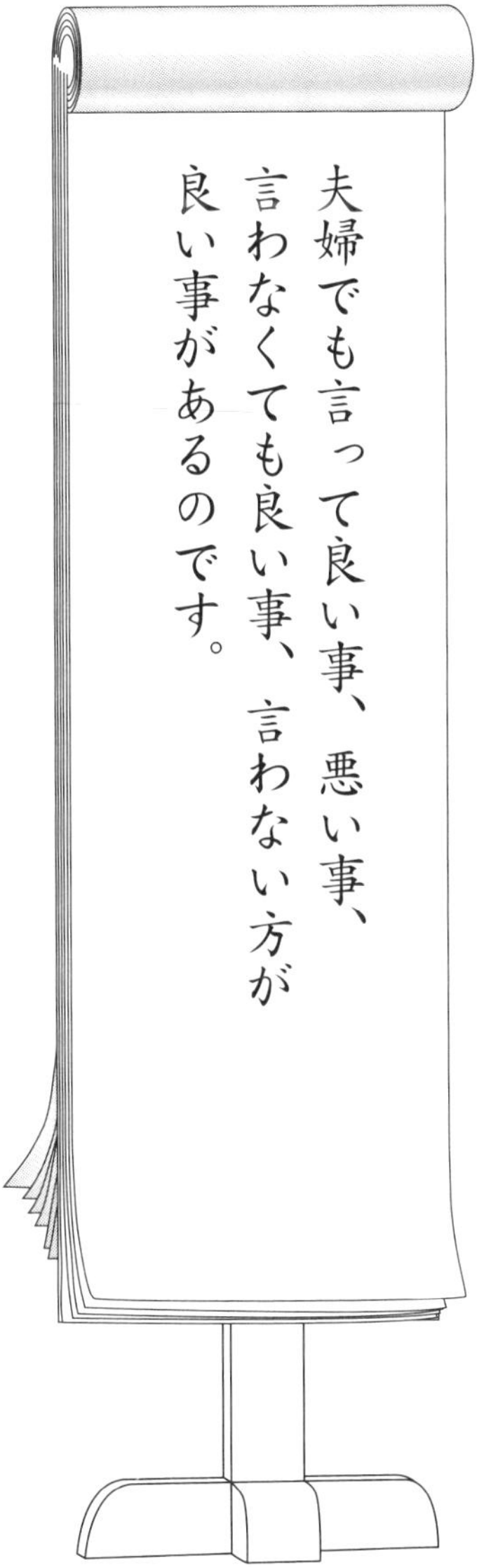
夫婦でも言って良い事、悪い事、
言わなくても良い事、言わない方が
良い事があるのです。

十四　厩火事《うまやかじ》

女房の稼ぎを頼りの遊び人

江戸時代の女性の職業といえばその稼ぎ頭は吉原を筆頭とする岡場所などの娼婦ですが、町芸者、歌舞、音曲、生花などの師匠、桂庵《けいあん》（口入れ屋職業紹介兼身元保証業）を通じての仕事としては、武家、商家の住み込み女中、料理屋の仲居などがありました。意外と数多くいましたのが寺子屋の師匠でしたが、それら以外ですとやはり髪結《かみゆ》いが代表的なものであり、稼ぎも多かった様です。

職業に就けないが現金収入が欲しい場合は内職、多くは針仕事にて細々と煙を立てる、といったところは各種のお話によく出てくるところであります。

江戸時代の初期は男性向けの床屋はあったものの女性は自分で髪を結う事が当り前で、ごく一部の高級武士階級の奥様だけが侍女に結髪《けっぱつ》させていたそうです。

しかし江戸も中期になりますと髪型の種類も増え（幕末には二百数十種を数えたそうであります）、女性専門の髪結いが成立し、その多くが女性であった様です。この女性向け髪結いはいわゆる出髪《でがみ》といってお客の家に出向いての出張営業が大半でありました。これは明治以降も同様で税金なしのモグリ営業で、表向きは亭主の職業にて生計を立てている様に申告しましたから、そんなところからも江戸時代のいわゆる「髪結いの亭主」の姿が窺えます。

そして時は流れ明治三十三年芝の春光館、明治三十九年京橋区竹川町に遠藤波津子理容館、大正十二年

女髪結《かみゆい》が町芸者の髪を整えているところ。待っているのが名取の娘で、当時の職業婦人の3点セットとなっております。明治生まれの女性などは、美容院の事を髪結《かみい》さんと呼んでおり、理髪店は床屋さんでありました。(『花容女職人鑑』)

丸ビル内に山野千枝子の丸の内美容院の開設と近代美容業が開花していったのでありましす。

江戸時代は幕府より度々、奢侈《しゃし》禁止、風紀紊乱《びんらん》の畏《おそ》れありとの理由から禁止令が出た女髪結いですが、それでも需要と供給の資本の論理に従い発展していった訳です。

しかしこの江戸時代の婦人の職業も現代日本に相似しているところは感心させられるばかりです。歌舞、音楽、生花の師匠はそのまんま、寺子屋の師匠が現在の教師、保育士でしょうか。髪結いが美容師とくれば昔なくって今あるものの代表は看護師さんぐらいなのでしょうか。

女子アナ、キャビンアテンダントなども無理にこじつければ、江戸時代にも似た様な職業はあった様な気もしますがいかがでしょう。

この「厩火事」というお噺も、髪結いのお崎さんと、その年下の亭主が主人公で、別に火事の噺ではありません。このお崎さん、亭主に惚れ抜いていてそれで自分が年上なだけに必要以上に気疲れする様であります。口癖の様に、あのろくでなし、ぐうたら者、働きもしないで昼間っから酒ばかり飲んでいる、と悪口三昧であります。聞き兼ねた朋輩が、そんなくだらない男と何故一緒にいるのだと問えば、

「ううん。だって寒いんだもの」

さて、そのお崎さん今日は血相変えて仲人の兄貴のところに飛び込んで来ました。聞いてみればくだらない事での夫婦喧嘩であります。しかし亭主の本当の了見《りょうけん》が判らなくなる時が多々あると聞いたこの兄貴がお崎に知恵を授けます。

「昔々、唐《もろこし》の国に孔子という偉い人がいた」

「孔子っていうと高麗屋（松本幸四郎）の弟子かなんかですか」

「役者じゃない学者だ。この方の愛馬が弟子の落ち度で厩ごと焼け死んだ。役所から帰って来てこの事を聞いた孔子先生、馬の事は一と言も言わずに門人達の無事を聞いてそれは良かったとだけ言った。転ずるに日の本の国の麹町のさるお殿様、御愛蔵の瀬戸物の皿を奥様が誤って落としてしまった。殿様飛んで来てたてつづけに三百六十回『皿は大丈夫か、壊しゃしないか』とだけ仰しゃったから奥様翌日実家に帰り、替りにやって来たのが離縁願いの使者だった。お前の亭主も骨董好きだから、皿の一枚もブチ割って本性を試してみれば良い」

これを聞いたお崎さん、早速家に帰って、亭主の面前でころんだふりをしての皿割りを実行します。

「唐《もろこし》なのかい麹町かい。唐か麹町か」

「お崎、大丈夫か、体に怪我はないか」

「ああ、お前さんありがたいねえ。唐だったんだ、そんなにあたしの体が大事かい」

「そりゃそうだ。お前が怪我でもしたら、明日から遊んで酒を飲んでいられなくなる」

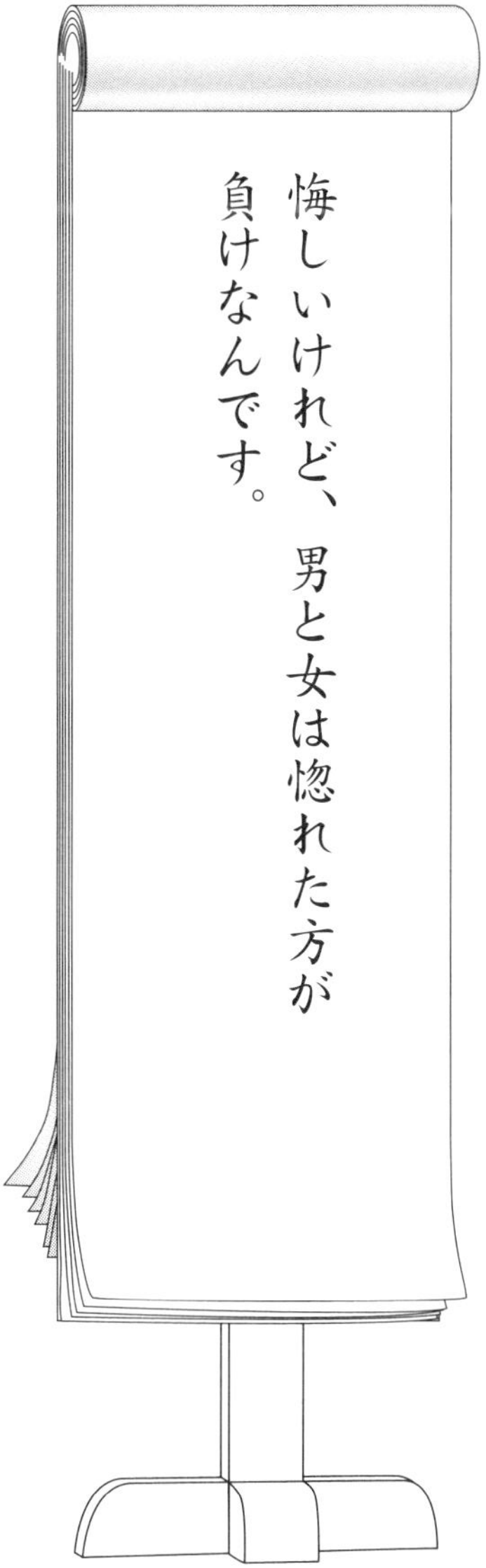
悔しいけれど、男と女は惚れた方が
負けなんです。

十五　甲府《こうふ》い

志を立てて、故郷を出て

江戸の昔も現在も、地方出身者の都市部に対するコンプレックス（複合意識）というものは確かに存在する様です。複合といいますからつまりは憧憬《しょうけい》と反発が同時に一個体に存在する状態であります。

さらに地方に居ては飯が食えない、もしくは食えてもろくな物は食えず生きているだけで精一杯、という状況ともなれば、これはもう都市部への移住という事しか考えられなくなります。

江戸時代は各藩はその生産力を維持する限りにおいての人口（労働力）の確保には強い関心を持ちましたが、それに関係のない流出人口には無頓着であった様です。

その裏返しとして江戸への新規流入人口は多大なものがあった様です。寛文元年（一六六一年）の町方人口が三十万人余りであったのが享保六年（一七二一年）には五十万人余りとなったとの統計がこの事を物語っております。

正に荻生徂徠の言う通りで「江戸は諸国の掃溜《はきだ》め」状態であった訳です。確かに田舎に居たままならば、最下層の小作人としての牛馬並みの生活の見込みしか立たない。江戸に出ればその日暮らしながらも何とか暮らして行けそうで、あわ良くば功成り名を遂げる事もあながち夢ばかりではない。となりますとこれは一つ賭けてみるかと、思う人が増加するのももっともな事であります。

関東甲信越の諸州の内でも、甲州だけは何か異彩を放っております。勝頼が天目山に滅んだ後は徳川の所領となったのですが、その心情の奥には二十一世紀の未だに、徳川なにするものぞ、信玄公がもう十年元気であったなら今でも天下は武田のものであったのに、などと真剣に考えている節が窺えます、本当の話。その武田軍団の経済的バックボーンでありましたのが黒川金山を中核とする甲州金山でありました。十六世紀から十七世紀までの繁栄ではありましたが、この金山を中心とする甲州経済の発展を支えましたのが甲州商人で、関西の近江商人と並び称されております。

その甲府出身の善吉、幼い頃にふた親に死に別れ、伯父の世話になっておりましたが今年で十五になりました。当時とすれば立派な成人、いつまでもやっかいを掛けてもいられぬと身延山に十年禁酒の願を掛けて江戸に出てまいりましたが、早速お詣りに行った浅草の観音様で巾着切りに遭って一文なしとなってしまいました。

葭町の口入れ屋（職業紹介業兼身元保証業）に行く道すがら、豆腐屋の店先で湯気を立てているおからに手を出して店の者に殴られてしまいます。

余談ですが、以前はどの町にも一軒二軒は必ずあった豆腐屋さんの店先で湯気を立てているおからは本当にお美味しそうでした（もちろんそのままでは不美味いそうですが）。

ここの主人が苦労人でありまして、

「腹が減ったつらさはやった事がない者には判らない。あたしだって若い時分、今は干しぶどうみたいなっちゃったあの婆ぁさんと駆落ちしたが、当てにしていた人が行方知れず。三日も水ばかり飲んでいたがもうどうしょうもない。へたり込んだ軒先の家の人が出してくれた握り飯の味は未だに忘れない」

なんて昔話をしつつ、善吉が同宗の日蓮宗と知れますと、これも御祖師様のお引き合せ、良かったら家で奉公してみないか、と言ってくれました。

身より頼りのない善吉にとっては渡りに船の話であり、早速その日からの奉公となりました。

善吉は甲府で鍛えた商才と、一所懸命の働きぶり、何より人間に愛敬があって人をそらしません。直ぐにお上さん連中のアイドル。

「豆腐ぃ、胡麻入り、雁《がん》もどきぃ」

と善吉が売り声を上げると長蛇の列の有様です。

七年経ちましたら店の商いは倍になっておりました。

身延山への断酒の誓いもあり夜遊び一つ致しません、見込まれて店の一人娘のおなつの婿となりまして三年、さらに商いも伸び親達はもう楽隠居です。

ある日若夫婦二人して帰郷して今の立派な姿を世話になった伯父に見せてやりたいし、身延山の願ほどきにも行きたいとの事です。

御近所の皆様にも見送られ、お二人してどちらにお出掛けかと問われます。

善吉ついいつもの調子で、

「甲府ぃ、お詣《まい》り、願ほどき」

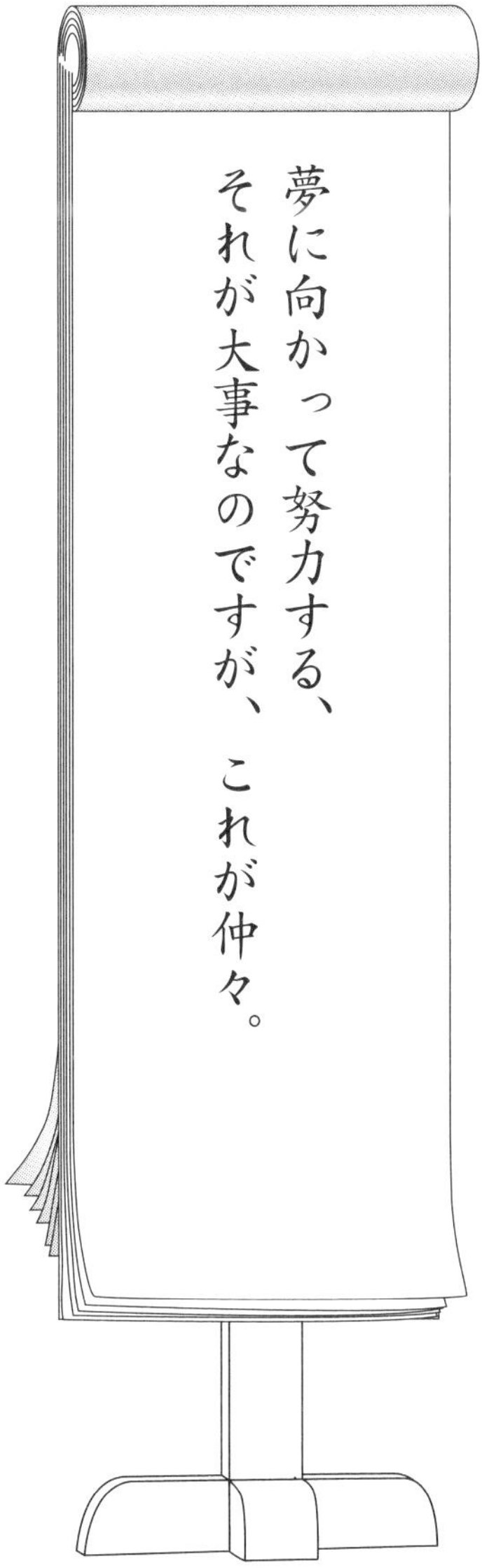
夢に向かって努力する、
それが大事なのですが、これが仲々。

十六　佃祭《つくだまつり》

女房が妬《や》くほど亭主もてもせず、とはいうものの

佃島は現在の東京都中央区佃一丁目の七番地までの約二百メートル四方の島ですが、西は隅田川に面し、北と東は堀ですが南は月島と地続きとなっております。昭和三十九年に佃大橋で隅田川対岸の築地鉄砲洲と結ばれましたが、それまでは渡し船が三百年間続いておりました。徳川家康が本能寺の変の際滞在先の堺から脱出するのを助けた功績に報いる為、あるいは洪水から救ったという説もありますが、摂津の国（大阪）西成郡佃村の漁民を江戸開府の際に召し出し、隅田川河口一帯の漁業権を独占的に与えたところからこの島の発展の基礎があるそうです。この地に故郷の摂津の住吉社を勧請《かんじょう》し鎮守とし、その住吉祭が別名佃祭であります。

主人公の治郎兵衛さん仕事は小間物屋です。江戸時代は行商が主体で、扱い品が高麗《こま》等からの舶来品だからとか、細物《こまもの》だからとかの説があります。何にしろ、女性向けの化粧品、櫛かんざし、紙入れ、時にはその何ですな、独り寝の女性の寂しさを紛らす道具なども商っていたそうです。当時大きな包を背負って行商する代表は小間物屋と貸本屋であったそうです。女性向けの訪問販売が成功する人とは今も昔も好男子と相場が決まっております様で、この治郎兵衛も中々の男前である事は間違いございません。

今年は三年に一度の佃島住吉神社大祭の年であります。誰よりも祭り好きの治郎兵衛、見物に出掛ける

と言いますと、お上さん御感斜《ぎょかん》めであります。

「ふん、どうせお祭りがおしろいつけて待ってるんでしょ」

「馬鹿、お前の事を長屋で何と言っているのか知ってるか。長屋中のやきもちを一人で背負《しょっ》ているからさぞかし重たかろうだってさ。そんな事言われるから私しゃ無理にでも出掛けなきゃなんないんだ」ふりほどく様に家を出た姿といえば、白薩摩の着物、茶献上の帯、柾目が十三本通った会津桐の前のめりの下駄に白鞣《しろなめし》革の鼻緒がすげてあるという粋な姿で男前とくれば、女房が妬くのも無理からぬところであります。

祭りは大変な人出でありまして、治郎兵衛さんやっと最後船《しまいぶね》に乗りかかったところ、若いお上さんに無理に引き留められ取り残されてしまいました。聞けばそのお上さん、三年前の娘時代、奉公先の集金五両を紛失し、死んでお詫びをと本所一ツ目の橋から身を投げようとしたところ救ってくれたのは旦那様ではございませんか、との事でありました。忘れていたがそんな事もありました。その節は余りの事に動転し、お名前も聞かずそのままで失礼しました、御恩は片時も忘れた事はありません。今ではこの佃島に嫁いで来て幸せに暮らしております、亭主も是非お礼がしたいと申しております、家にお寄り下さい。お帰りは船頭の亭主がお送り致しますから。そんなやり取りをしてお上さんの家に行っていると表が大変騒々しくなってきました。何と最後船《しまいぶね》が人を乗せ過ぎて沈んでしまい全員死亡との事です。

無理に引き留めてくれたから命拾いをしたと、喜ぶところに亭主が帰って来て過日の礼を言いますが惚れた女房の命の恩人に対する感謝がしっとりと伝わってきます。

「あっしゃ神棚なんてあんまり手を合わさねぇんですが、大神宮様のお札の隣りに本所一ツ目橋の旦那様って紙に書いて拝んでるんでさぁ」

さて佃島の最終船沈没の報《しら》せが入って治郎兵衛の長屋では、ことここに至っては止むなしと葬式の準備であります。

「あの人は私がやきもちだって言う貴方がたの声に無理に逆らう為に出掛けたんです。言えばあの人を殺したのは貴方がたなんです」と当り散らしておりましたお上さん、御主人の体に何か目印はと聞かれ、

「左の二の腕に私の名前、こま命と彫ってあります」

そんな騒ぎの中死んだと思った治郎兵衛さんが帰って来て、めでたしめでたしでありました。情けは人の為ならず、陰徳陽報と諭す坊さんにお上さん、「女の人だから助けたんです。男だったら放り込んでます」

思えば佃島の発祥も陰徳陽報でありました。

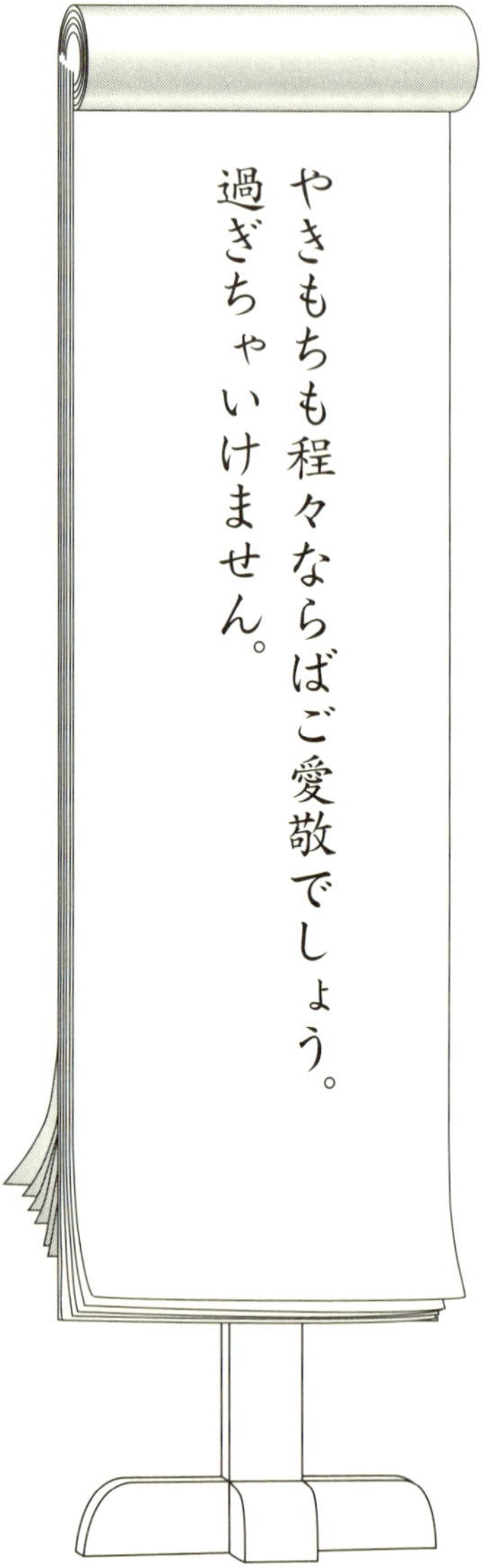
やきもちも程々ならばご愛敬でしょう。
過ぎちゃいけません。

第二節

三道楽煩悩《さんどらぼんのう》――これぱっかりは止《や》められません

十七　禁酒番屋《きんしゅばんや》

殿の御沙汰《おさた》といえども出来ない事も

飲む、打つ、買う、のいわゆる三道楽の内で、一番が罪がない、否、全くないとは言いません、少ないのないはやはり飲む、でありましょう。飲むったって別に硫酸を飲もうって訳じゃありませんので即命に拘《かかわ》る訳ではありません。

毎日二合以上二十年間飲み続ければ間違いなく肝硬変となり死に至る、と伝えられますが、五代目古今亭志ん生師匠などは、十四歳の時から八十三歳で亡くなる前日までの約七十年間ほぼ毎日一升酒を飲んでいたそうでありまして、それでいて肝臓が悪かったという話はついぞ聞きません。

有名な話では、昭和三十六年に倒れた後は弟子が酒を水で薄めて出していたそうですが、師匠から別にこれといった文句も出なかったそうです。弟子にしてみれば師匠は酒の味も判らなくなったのかと、それはそれで悲しい思いをしておりましたが、ある日酒が足りなくなったのでいつもより多めに水を入れて出したところ、「おい、今日のは薄すぎる」

その志ん生が徳川夢声の家に遊びに行ったところ、親戚一同が集まっていかにして夢声に酒を止《や》めさせるかを協議していたそうです。一升瓶を持ってきて二人して差しつ差されつつ夢声曰く、

「冗談じゃねえ。ビールは小便にしかなんないが、日本酒はウンコになるんだ」

だそうであります。

居酒屋の図。屋敷詰めの侍は夜間外出禁止でしたから、屋敷内禁酒となりますと、昼間から外で飲むしかない。とすればこんな感じであったのでしょう。(『浮世酒屋喜言上戸』)

関東大震災の時、グラッと来たら即酒屋に走った事、満州で敗戦を迎え、死ぬつもりでウォッカを六本空けたが、二日間寝ただけだった事、酒は菊正の特級を好んだが、これもアルコール度数が高いのが最大の理由だった為との事。

亡くなる前日、娘の美津子さんが別に深い意味もなく、水で割らない日本酒を出すと、「やっぱり酒は旨いなぁ」としみじみ言った事などが伝説として今日まで残っておりますが、肝硬変を患《わずら》ったという話は知りません。

現に私のごく親しく付き合っている人、まるで自分自身と同じ様に感じられてしまう人、この人も約四十年間、胃潰瘍で吐血した三日間以外毎日飲み続けておりますが、平均以上の健康体であります。但し、こちらの方は志ん生師匠と違って何ら賞罰、現世利益に関係のないところで生きており、罰がないだけが取り柄の唯の人ではありますが。

さる藩の御家中で、酒の上での不祥事が相次ぎました。これではいかんとお殿様、禁酒の命令を家中一同の者に申し渡してしまいました。

禁じられると燃え上がるのは恋ばかりではありません。一日中飲みたい飲みたいと酒の事ばかり考えて、仕事が手に付かない有様となりました。

「ご用の為じゃ。かくれてちょいとやりますか。何事もお家の為でござる」と、外で一杯ひっかけてお屋敷に戻る者が続出し、なかにはべろべろで帰って来る者までいる始末となりました。

こんなことがお殿様に知れたら一大事と心配した重役が、御門のところで酒の見張りをする番屋を設けましたが、これがいつしか誰言うともなく禁酒番屋と呼ばれる様になりました。

家中でも指折りの酒好きの者、馴染みの酒屋で一升枡を二杯たてつづけに空け、

「何とか人心地がついた。拙者の小屋まで夕刻までに一升届けてくれ、酒の気がなければ眠れんのだ、これもお役の為じゃ」

そう言われた酒屋も困りましたが何とかしようと、番屋突破を試みます。

「これは御進物の水カステラでございます」

どれ検分いたす、と中身がばれてしまい番人に全部飲まれた挙句に、このいつわり者め。

「油の御注文がございました、油徳利です」

と言って番屋を通ろうとしましたが、

これも中身を検分され、全部飲まれて、いつわり者。番人に二升飲まれた酒屋、仇討ちに出向きました。

「松のこやしに小便をお届けに上がりました、どうぞごゆっくりおあらためを願います」

「まずはじめに水カステラといつわり、次には油といつわり、またまた小便といつわるとは。今度は人肌に燗までしてある。泡立ってるが酒の性《しょう》が悪いな。なっなんだこれは。うーん、……正直者めが‼」

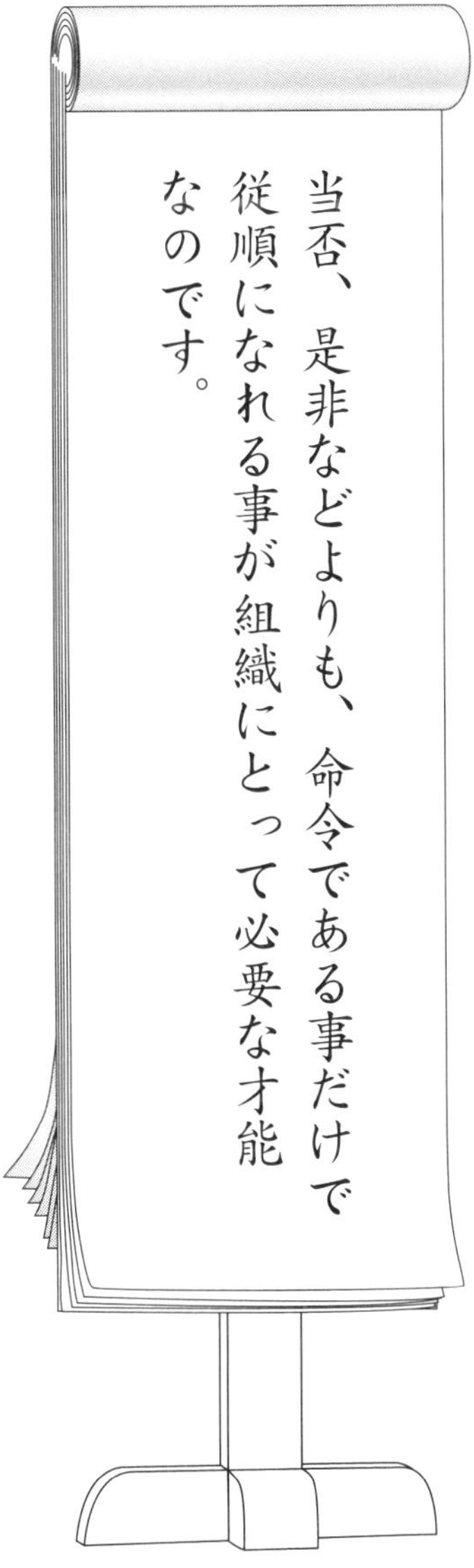
当否、是非などよりも、命令である事だけで
従順になれる事が組織にとって必要な才能
なのです。

十八　夢《ゆめ》の酒《さけ》

冷酒《ひや》でも飲んどきゃ良かった

夢を見るのは人間だけなのかといいますと、そうでもない様です。犬でも猫でもちょっと見ておりますと寝言は言いますし、寝ながら何かを探る様な動作を間違いなくやっております。流石に魚類、鳥類、爬虫類、両生類などは判りませんが、哺乳類は確実に夢を見ていると思われます。大方の人はその生涯の約三分の一は睡眠の中にある訳です。夢は睡眠中に映像となって意識され、味覚、嗅覚はほとんど記憶されず触覚も稀である様に思われますがいかがなものでしょうか。覚醒時にも、夢、つまりは非現実的な妄想にふける人をたわけ者と呼びますが、実現可能な努力目標を設定し、それに向かって邁進する事との区別が、これが実は意外とつきにくいものなのであります。覚醒時の夢と現実、これにどんな折り合いをつけるのかが、人生最大の課題であるといっても過言ではないのですが、この兼合いが本当に難しいと幾つになっても思います。覚醒時ですらコントロール困難なのですから、睡眠時の夢を制御する事など不可能と思われますが、そうなりますとそんな事をしてみたくなるのが人情であります。

この噺に出てまいります淡島神社にお願いすれば夢のところに行けるそうです。

御神詠の「われたのむ　人の悩みのなごめずば　世にあはしまの神といはれじ」の上の句を詠めばそれが可能とされておりました。江戸の淡島神社は、残念なことに震災で廃社となりましたが、現在の浜町公園の中にありました。そういえば高校生時代に、どんな人とでも夢の中でまぐわい、必ず夢精する事が出来ると豪語していた同級生がおりましたが、その後の彼の消息は知れません。

午後の仕事が一段落した若旦那、昼寝をしておりましたが女房にゆり起されて御機嫌斜めであります。聞けば良い夢を見ていたところ、これからって時に起されてしまったと怒っております。どんな夢かと追及致しますと、口ごもりながら白状します。向島に行ったら夕立ちに逢った。雨具もないから軒下で雨宿りをしたその家の人が私の事を知っていて、どうぞお入り下さいましとなった。出て来たのが年の頃なら二十五、六、品があるのに妙に愛嬌があって色白で、背がすらっとしているが高からず、実におどろく様な美人だった。そのうちお膳が出て、下戸だと言って断っても、そんな事言わないでと、勧め上手に乗って三本程空けたが、どうにも頭が痛くなってしまう。それではと次の間の四畳半に敷かれた布団で寝ていると、真赤な長じゅばん一つの女がやって来て、

「若旦那の裾の方に入らして頂ければそれで結構なんです」と、すっと入ってこようとした時にお前に起された、実に惜しいとこだった。

そこまで聞いた女房殿、私という嫁がありながら何とひどい事をと、泣き喚《わめ》きます。騒ぎを聞いて駆けつけた親父に一部始終を言いつけますが、当初は夢の事とて取り合ってくれません。それでもどうしても収まりがつかない女房殿、

「おとっつあん、あたしはやきもちで言っているのではございません。そのかたにも主《ぬし》というものがあるにちがいございません。もしそこに御亭主が出て来て、おのれ間男と若旦那が言われたらなんとなさいます。御家《おいえ》の一大事」

そこまで言われましたら親父も放っておけません、淡島さまにお願いをして夢の中で向島に行くこととなりました。さき程はせがれが大変お世話になりましてありがとうございますとの挨拶もそこそこに、まあお上がり下さいとなりました。若旦那は下戸だそうだが大旦那は三度の飯より酒が好きと聞いております、どうぞたくさん召し上がって下さいまし。今お燗をつけますから少々お待ちを。飲むと決まれば早く飲みたくなる飲兵衛の意地汚なさ。それじゃとりあえず冷酒で、いや冷酒は体に悪い、と言ってるところで、

おとっつあん、おとっつあん、

「え、あっあっあーあ、夢だったのか。向島へ行ってたが、惜しいことをしたなあ。冷酒でも良かったんだ」

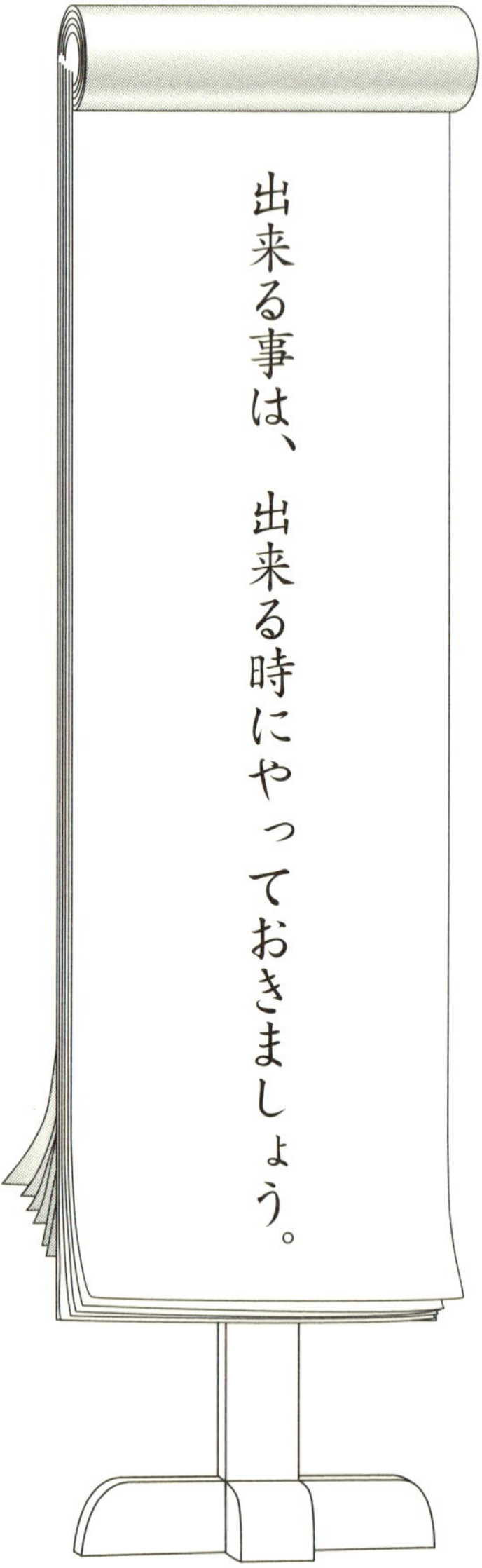

十九　一人酒盛《ひとりさかもり》

お前と飲みたいのか、お前の目の前で飲みたいだけなのか

五代目古今亭志ん生師匠によりますと、人間というものは中々思い通りにいかないものでありまして、体の為に酒を止《や》めて、煙草も止めてこの頃大分太って丈夫になったな、と思っていたら車にはねられちゃった、とよく枕で話しておりました。車にはねられるは極端ですが、なりたい自分となれる自分とをどこでどう折合いをつけるかが人生なのかも知れません。しかしながらこの辺の勘所《かんどころ》が大変むずかしいところです。手近なところで妥協してしまえばそれまでであります し、出来もしない高望みをしても空しくなるばかりであります。このなりたい自分となれる自分のギャップにどうしても納得出来ない人が年間三万人超のペースで発生しているのでしょうか。

はたまたこの隙間を埋める補強剤の一つが酒なのかも知れません。最近は酒が体質に合っているのか合わないのかどうか判りませんが、酒以外の化学合成物にてその隙間を何とかしようという人が増加しており社会問題化しておりますのも忌忌《ゆゆ》しき事であります。

それにつけても酒飲みの人は自己中心的な人が多い様です。人間誰しも自分本位でありますから人類も滅亡しない訳ですが、飲兵衛の自己中は筋金入りです。それもその筈で酒を飲んで酔うのは自分だけです。酒を一升飲んだら隣りの人が宿酔《ふつかよい》になった、なんて話はついぞ聞いた事がありません。そんなところからも大酒飲みは徹頭徹尾自分の事にしか関心がない人であると結論づけて間違いないと考察いたします。

熊さんに急に呼び出された留さん、仕事に行く前だが顔を出すだけでもと、やってまいりました。聞けば上方からの土産に酒の元みたいなすごいやつを貰ったとの事です。

「俺も飲み友達はたくさんいるが、留さんお前の事が一番好きなんだよ。こんな良い酒ならお前と二人で飲みたいと思って声掛けたんだよ。どうだい飲《や》るかい」

酒好きなら熊さんに負けない留さんです、嫌《いや》も応《おう》もなく賛成致しました。それじゃ炭俵から二、三個持って来て焜炉《こんろ》に入れて下からばたばたってやって薬缶を掛けて湯を沸せ。戸棚の奥から一合徳利が二本あるからそれを出して洗ってくれ。肴はなくても良いが、それも何なので魚屋に行って刺身をみつくろって来てくれと、使いにまで出されます。

中とろのぶつを買って帰ればこんどは箸休めにと、糠床から胡瓜の漬物を出させられます。そうこうするうちに湯が沸き燗をつけろと言われますが、熊さん味見に冷酒《ひや》で一杯とこれは一気飲みです。

「旨いのか、どうなんだ、どんな味だ」と聞く留さんに、

「飲んでるそばでお前みたいに、どうなんだ、どうなんだって言われちゃ味が良く判らねぇ」と怒鳴りつける熊さんであります。お燗のついた酒二本を飲みながら熊さんすっかり上機嫌であります。

「魚金の刺身は旨い。その上魚金の偉いところは山葵《わさび》が本物だ。刺身なんてものは山葵で食わせるもんだ。山葵がべちゃっとしてて、魚がぴりっとするなんてのはどうにもいけねぇ」

次の二本の燗をさせながら、こう心持ちが良くなると、何か音が欲しいね。留さん唄の一つもやったらどうだ、大体お前は陰気でいけない、何だそのしけた面《つら》は、親呼んで来い。挙句の果ては自分で都々逸《どどいつ》を始めます。

「止めてくれるなこの酒を、まさか素面《しらふ》じゃ言われまいってな。えっどうでい良い文句じゃねえか」と、ここまで目の前でガブガブ飲られるだけで一滴も飲ませてもらっていない留さん、お燗もなおざりにしてしまい沸騰寸前です。熊さん、こんな良い酒を台無しにしやがってと怒り、

「馬鹿野郎、甘酒じゃねぇんだ。ふうふう言いながら酒が飲めるか。でも熱くても旨い酒は旨い。平《たいら》のあつうまってな、はっはっはっ」

いくら人の良い留さんでもここまでやられればもう我慢が出来ず飛び出します。そこに帰って来た熊さんのお上さん、喧嘩でもしたのかと心配しますが、

「なあに、留の野郎は酒癖が悪いんだ」

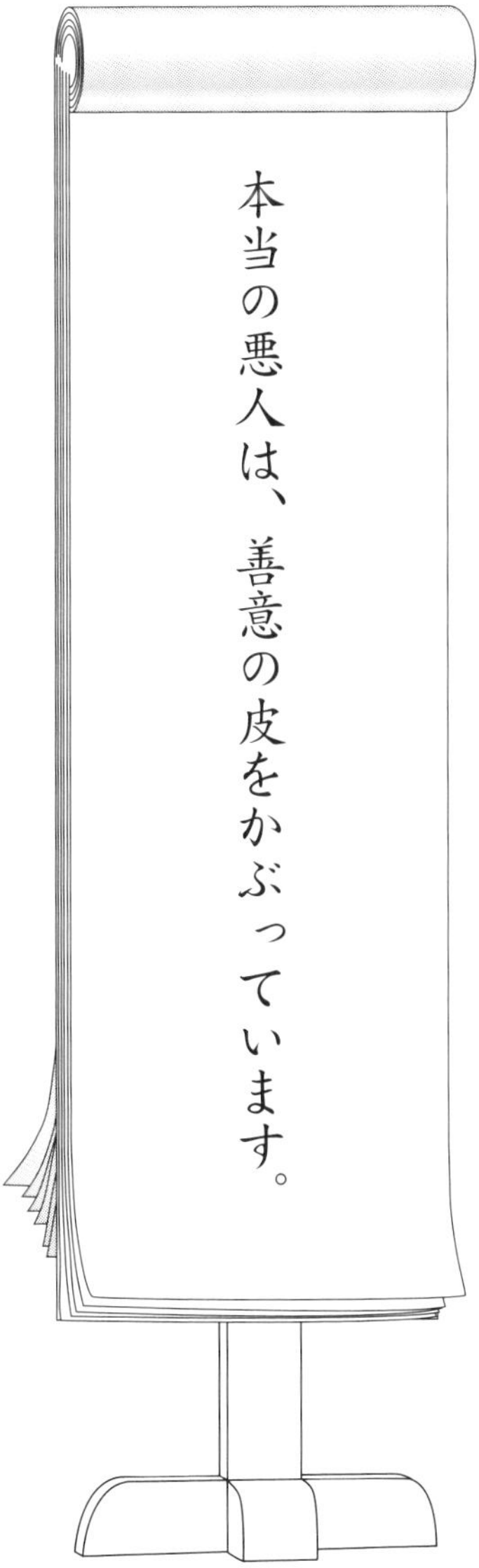
本当の悪人は、善意の皮をかぶっています。

二十　盃《さかずき》の殿様《とのさま》

殿さん浮気すると聞きまへんよ

江戸時代の大名の生活は思いの外不自由なものであった様です。日々の生活も事細かに規制され、思い通りに振舞える局面は非常に少なかったものだそうです。

参勤交代の制度などは典型的な例でありました。寛永十二年（一六三五年）三代将軍家光の時に改訂された武家諸法度第二条によって正式に制度化されました。大名は二組に分れ一年おきに江戸に詰める事とされ、妻子は常時江戸暮らしであり事実上の人質とされたのでありました。

この参勤交代の為、江戸在府時の支出及び道中の経費が藩財政を圧迫し反幕府勢力の台頭防止に多大な貢献をしました。しかし地方と中央の文化的交流、水陸交通網の整備、主要街道の宿場町の繁栄なども推進致しました。今でいえばインフラ整備の役割も果たしていた訳です。

さるお殿様（高知の殿様とする説もありますが、酒豪で鳴らし自ら鯨海酔侯《げいかいすいこう》と号した、山内容堂《やまのうちようどう》からの連想なのかも知れませんが、この噺自体はもっと古くからありますので、幕末時代の山内容堂公がモデルとは思えません、但し男女を問わず土佐の人に大酒飲みが多いのは事実であります）、毎日の御公務にうんざりして気鬱症《きうつしょう》、今でいうノイローゼになってしまいました。お気晴らしに歌舞音曲などを催しても御感《ぎょかん》斜《なな》めのままであります。講釈、落語などは言語道断かえって憂愁を増すばかりとの事ですから情けない限りであります。

ある日お側衆《そば》が錦絵をごらんにいれますとこれがたいそうなお気に入りで、とりわけ歌川豊国の吉原風景に御執心でありました。そこに描かれた花魁《おいらん》の美しさに心奪われ気もそぞろ、公務も何も手に付かなくなってしまいました。とここに至ってはお家の為に止《や》むなし、藩を挙げての吉原見物となりました。仲之町のお茶屋の二階に陣取る姿はまるで関ヶ原の戦であります。やって来ますのが花魁道中《どうちゅう》、いわゆる仲張りでコロンカランの内外八文字、この世のものとは思えぬ美しさです。

その花魁のなかでもお殿様が一番お気に入られたのが扇屋右衛門の抱えで花扇《はなおおぎ》、当代切っての人気者でありました。せめて盃の相手だけでもと言って家来を納得させましたが、それで収まる筈もなくお泊りとなりました。生まれて初めての御遊興ですからもうたまりません、家来を呼びつけて申します。

「昨夜花扇がな、『殿さんようきなました、初会にきなまして、裏にきなまさないと客衆の恥ざます』と申した。先祖より敵に後を見せた事のない家柄じゃ。余の代にあいなり傾城といえどもこれに後を見せる恥辱耐え難し、家の名誉の為こよいも花扇のもとに討入らねばならぬ、覚悟せよ」

きちんと翌日に裏をかえされた花扇、もう十分のもてなしですから殿様もう有頂天でお帰りです。こうなりますともう止まりません。

「花扇の申すには、初会、裏にまいって、三度目《なじみ》とかにまいらんのは傾城の恥辱とか申した。同衾《どうきん》を重ねし花扇に恥辱を与えるはいかにも不憫《ふびん》、捨ておけば武門のけがれともなりかねん。今夜出陣致す、馬引けい」

もう手が付けられません、どうなる事かと家中一同心配しておりましたが、参勤交代の時期となり、お殿様江戸から三百里のお国もとにお帰りで御家来衆一同一と安心となりました。

花魁道中《おいらんどうちゅう》の図。太夫や格子女郎といった格の高い遊女は揚屋《あげや》から呼んだ。遊女屋から仲の町を通って揚屋まで行くことを道中を称し、禿《かむろ》（見習い遊女）、新造《しんぞう》（若手遊女）、遣《や》り手《て》（遊女ＯＧ）、若い衆（男の使用人）を引き連れ、夜具、化粧道具などを携え、八文字を踏んで揚屋入りしました。（喜多川歌麿『青楼年中行事』）

いよいよ明日は御出発、お殿様花扇の仕掛《しかか》けを所望し、金蒔絵の百亀百鶴《ひゃっきひゃっかく》のお盃七合入りでしばしの別れの盃でありました。

無事お国入りをし、その花扇の仕掛けを飾り、百亀百鶴の盃をお空《あ》けになるとしのばれるのは花扇です。

三百里を十日で行ける速足の家来に申しつけます、

「江戸おもて吉原の花扇に献《さ》すこの盃、とりつぎを致してまいれ」

盃を受けとった花扇、思わず涙をこぼしながら、

「殿さん、おなつかしゅう存じます。浮気をすると聞きまへんよ。ご返盃ざます、殿さんによろしゅうに」

お国おもてで首を長くして待っていた殿様ですが、往復二十日のところが二十一日掛っておりました。

いかなる事かと御下問すれば家来答えて曰く、

「帰りを急ぐあまり箱根の山中にていずれの諸侯かは不明なるもお供先を突切ってしまい、無礼者と取り押えられてしまいました。お駕籠よりお声が掛かりましたので、主命により江戸のさる遊君へ盃をつかわしたその帰りでございますと事の仔細を申し上げましたところ、『国おもてにあって江戸の馴染みと盃のやり取りをいたすとは、大名の遊びかくあるべし、余もそのほうの主人にあやかりたく思う、その盃借用致す』と、その金蒔絵百亀百鶴の盃になみなみと酒をつがすと一気に召し上がりました。そのやり取りで思いの外時を取り、遅刻した次第であります」

との報告でした。

「うーん……。その大名が余にあやかりたいと盃の相伴《あい》をいたしたか、お見事である。いま一献《いっこん》と申してまいれ」

言いつかった御家来ですが、どこの殿様か聞き忘れた為、未だに諸国を廻っているそうであります。

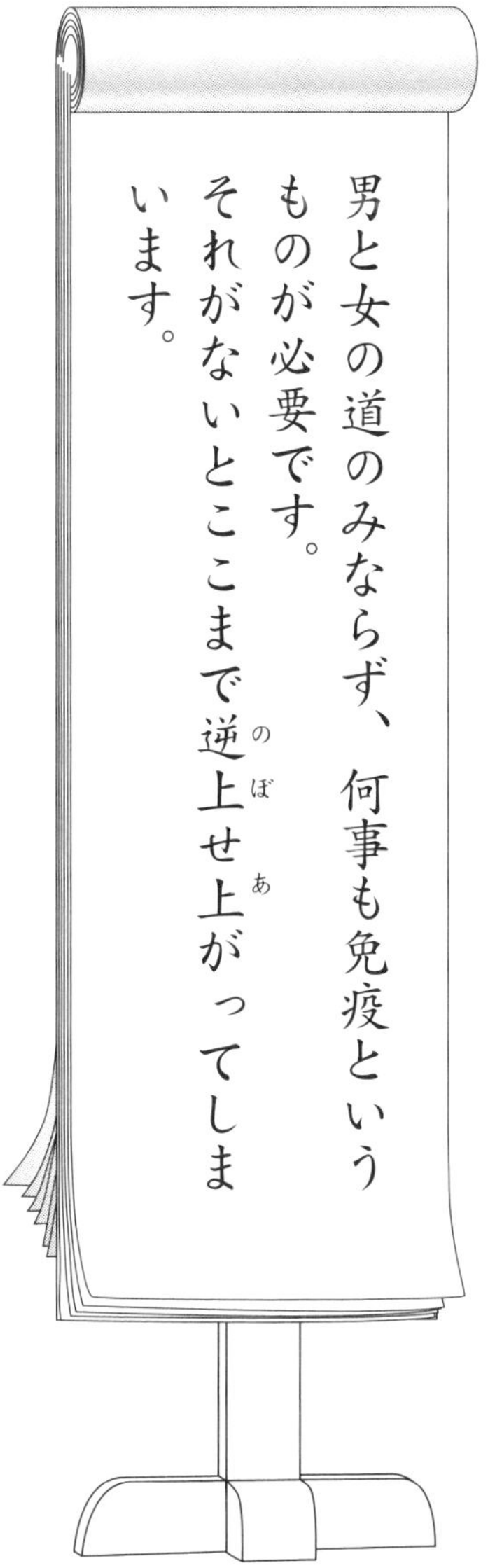
男と女の道のみならず、何事も免疫というものが必要です。
それがないとここまで逆上《のぼ》せ上《あ》がってしまいます。

二十一　狸賽《たぬさい》

これさえあれば、勝つこと間違いなし

賭事《かけごと》というものも、やはり人の本能のどこかに根ざしているものの様であります。しかし三大道楽の他の二道楽、飲む、買うに比較してこれが一番始末に悪い様に思えます。以前タモリの人生相談での回答で、亭主の飲む、買うの悩みを持つ主婦に対しては、「放っておきなさい、そのうち体が続かなくなって自然に止《や》まりますから」で、ありました。しかし打つの悩みに対しては「別れなさい。賭事だけは自分が動けなくなっても、ヨレヨレになっても続けられます。一生直りません」で、ありました。

さらに金銭それ自体が遊びの道具になっている訳ですから、経済的負担に際限というものがなくなります。博打《ばくち》をする人はそれによって豊かになろうなんて気は毛頭なく、儲ければ儲けただけ新たな勝負に注ぎ込みます。これを失えば帰りの電車賃さえなくなる事を承知で有り金勝負をして、松戸から立川まで歩いて帰ります。

賭事の好きな人はいわゆる勝負事が好きな人であり、換言すれば勝つ事に強い執着心を持つ人でありま す。つまりは勝ちさえすればプロセスは問題でなく、イカサマでもチョンボでも、ズルでも何でもありです。野球が好きな人と、野球賭博《とばく》が好きな人は決定的に異なります。口では推理だ、読みだ、心理ゲームだ、などと綺麗事を並べたてますが、だったら何も金銭を賭《と》す必要はない事は明にして白であります。何としても、何をやっても人に勝ちたい。これはいわゆる「利己的な遺伝子」のなせる業《わざ》なのかも知れません。だっ

てかなりの知能指数を持つ人とか学業成績優良な人であっても賭事で身を持ち崩す例は枚挙にいとまがありません。難しい数学は判りませんが、ヤクザの主催する非合法賭場で寺銭一割、官許の合法的賭場なら寺銭二割五分、この残りを分配している訳ですから、やればやる程目減りに近づいていくことは直ぐに判ろう筈であります。それでも破滅していく人々が多々発生する事実は、ある意味人間が平等におろかである事の証明なのかと思わせ、何となくホッとする瞬間でもあるのですが。

狐狸妖怪《こりようかい》といったものは人間を化かすそうです。狐の方は何となく底意地の悪い化かし方をしそうであり、狸の方はどことなく愛嬌がありそうですが、これはその体型から来るイメージなのでしょう。しかし狸が人間に化けた時に明確な特徴があるそうです。それは着物の柄が必ず横縞《よこしま》なのだといわれます。余り人の話を簡単に信じませんせん様に。

親父の墓参りの帰り、子供達が狸の子を捕まえて、なぶりものにしているところに出食わしましたこの男、普段はそんな事はしませんせんが墓参りの帰りということもあって子供達に小遣いを与え、その狸を逃がしてやりました。つまり仏教でいうところの放生《ほうじょう》を行なった訳です。その夜子狸が男の長屋にやって来まして恩返しに働かせてくれと頼みます。

「あれから穴に帰って一部始終を両親に話しましたら腹をたたいて喜んで、恩を知らない奴は人間も同様だ、ただ帰って来たら穴に入れる事は出来ねぇ、勘当だと言われました。どうぞ当分お置きなすって使って下さい」それ程まで言うならこっちは一人身で気楽だから居ればいいが、布団もないぜと言いますと、「布団なんかいりません。金玉をかぶって寝ますから、もっとも私は小狸なんで四畳半しかありませんが、それで充分です」

翌朝小狸が朝飯の支度を済ませ、部屋中すっかり掃除もして男を起します。何にでも化けられると聞いて五円札に変身させて借金の支払いとしましたが、逃げ帰る時、借金取りの財布から一円札を二枚失敬して来る抜け目のなさであります。

そんなところに悪い仲間から博打の誘い、子狸に賽子《さいころ》に化けさせて、男の言った通りの目を出す様に仕込みまして賭場入りです。言った通りの目が出ますから、もちろん男の一人勝ち。流石に不審に思った仲間達から、目を言わずに振ってみろと言われた男、しょうがないから、「加賀様だぞ、梅鉢だ、天神様だぞ（梅の花弁が五枚であることから五の暗示）」と、壺を開けると子狸が衣冠束帯で座っておりました。

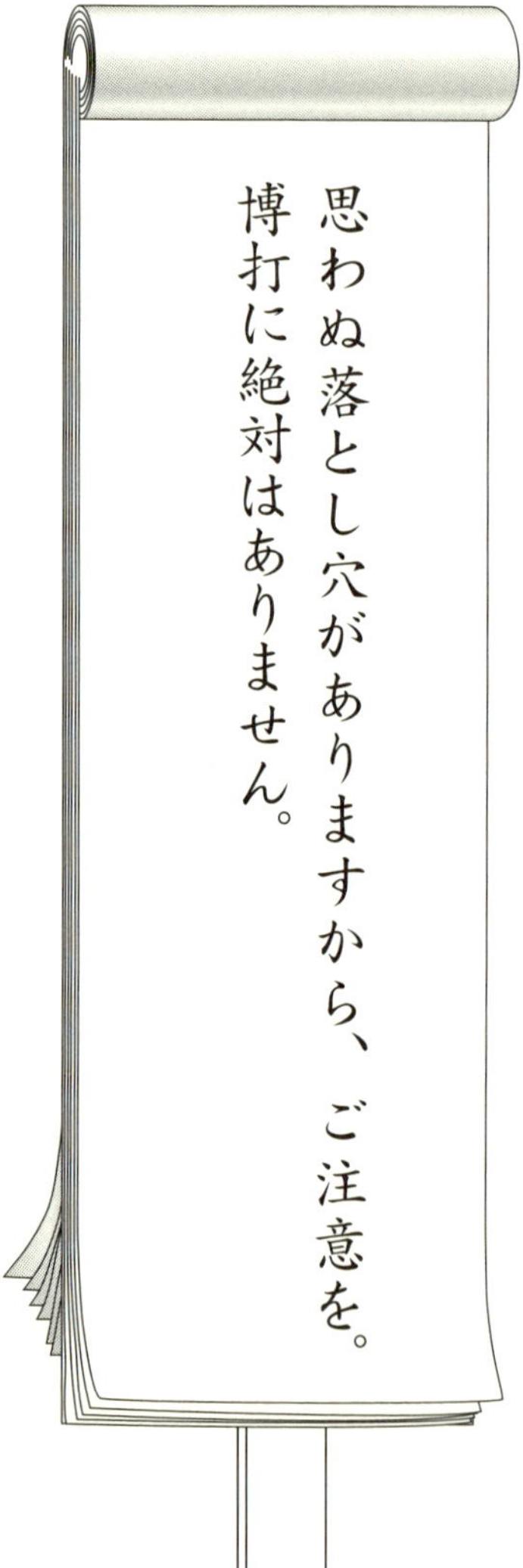
思わぬ落とし穴がありますから、ご注意を。
博打に絶対はありません。

二十二　明烏《あけがらす》
初手《しょて》はなんでも恥ずかしいものですが

さていよいよ道楽の真打、「買う」の出番であります。但し江戸時代の社会的背景を承知しておりませんと若干の誤解を生ずる様であります。その第一は江戸市中の男女構成比です。町人だけでいいましても男六割五分、女三割五分程度であり、これに市中人口の半数を占める武士及び僧籍、神社関係者を加えますと圧倒的な男性社会でありました。従いまして妻帯男性は極少数であり、文字通り娘一人に婿八人の状態でありました。加うるに男女交際とそれに伴う性的交渉は現代程自由ではなく、その結果官許の廓《くるわ》吉原、半公認の千住、品川、新宿、板橋の四宿《ししゅく》及び各地の非公認の岡場所の合計で男性四百人に一人当りの娼婦が存在したとの統計も存在する様です。

さらに言い訳じみて恐縮でありますが、いわゆる思春期からそうですな二十代前半頃までの男性の性欲の強烈さは、女性には理解出来にくいものでありましょう。社会の治安維持、安寧秩序《あんねいちつじょ》犯罪防止の為にはそのマア何ですな、そういった施設が必要でありその利用に関しての社会的評価も大いに寛容であった訳です。その結果、極く少数の妻帯者が同僚及び近所の独身男性から女郎買いなぞに誘われて付き合うことに対し、その女房が嫉妬するのは論外、などと考えられていた訳でもあります。

現代日本におきましては、性愛と婚姻、及びそれに伴う出産、子育てとが全て分離しておりまして、皆様自由に男女交際を謳歌されていらっしゃる世の中となっております様で、誠に結構な事であります。

日本橋田所町、日向屋の若旦那時次郎、いつも本ばかり読んでいて真面目一筋です。

「毎日部屋に籠《こも》って、何をしているかと思えば面白くもない本読んで子曰《しのたまわ》く、子曰《しのたまわ》くって。火の玉食って青白い顔をしてるんじゃ訳判んない」と親父が心配する程であります。たまに遅く帰って来たので、どうしたのかと聞けば、

「お稲荷さんの初午で、おこわとお煮しめを戴いて、子供達と太鼓たたいて遊んでました」

「今年十九になる男のやることじゃないよ」

そんな固いばっかりなのを心配した父親が町内の遊び人に遊びの指南を依頼しての吉原行きとなりました。日本橋田所町から浅草橋、蔵前、駒形を通って吉原まで直接行けば一時間程の行程ですが、チト疲れます。「中継《なかつ》ぎ」といって途中でちょっと一杯やりますが、勘定は自分だけで済ませてしまえと親父から言いつかりました時次郎、

「手なんかたたいてお勘定、なんてのは野暮。はばかりへ立つ振りかなんかして裏階段からそっと降りて勘定をしてしまえ。割り前なんぞと言ったらあの二人、町内の札付きだから後が恐い」と、そこまでバラしてしまいますがそんな事にひるむ連中ではありません。

吉原に到着致しますと見返り柳から五十間と呼ばれるちょっとくねった道を行って大門《おおもん》です。ここから仲之町に入って引手茶屋に上がって妓楼《ぎろう》を紹介して貰うのがしきたりでありました。若旦那には吉原行きをお稲荷さん詣りと言ってありましたので、引手茶屋を社務所とし、出て来たおばさんを巫女頭と胡麻化して登楼致しましたが、流石にここまで来ればどんな堅物でもここが妓楼と知れます。帰るの死ぬのと泣き喚《わめ》く若旦那を遊び人が脅します。

「吉原の法を教えましょう。大門のところに恐い番人が三、四人立っている。ちゃんと帳面を付けていて何人連れがどこに上がったか判ってるんです。そこで坊ちゃん一人で帰ろうとすると怪しい奴、となってふんじばられて留め置かれるってのが吉原の規則なんです」

これからここの「ひきつけ部屋」で花魁《おいらん》、太鼓持ち、芸者で宴会をするからそれが終るまでは付き合ってくれ、そしたら大門まで送って行くからと言われ、若旦那泣く泣く従いました。

若旦那の敵娼《あいかた》となりましたのが絶世の美女と誉れ高い浦里《うらざと》花魁でありました。若旦那の初心《うぶ》な姿にすっかり惚れ込み、自分の部屋に強引に連れ込みます。

「嫌だ、どうしようってのか判ってます。とんでもないことです、二宮尊徳はこんなことしない、瘡《かさ》をかく（性病に患る）」

さて翌朝、振られた二人が浦里花魁の部屋に行きますと二人して

大門《おおもん》風景。ここをくぐるとそこは廓《くるわ》。もう何もかもが別世界であります。当時は噺に出てくる様に本当に番屋があって、人の出入りに目を光らせていたそうです。何故か今でも吉原大門跡を示す鉄柱の脇に浅草警察署吉原交番が所在しており、常時4、5人の警察官が詰めていらっしゃいます。（『風俗吾妻男』）

同衾《どうきん》しております。

若旦那顔をまっ赤にしながら、

「へっ、へっ、へっ……どうも結構なお籠りで」

「若旦那起きなまし。お連れがお帰りです」

「花魁は口ではこう言ってますが、足であたしの事をぎゅっと押さえていて、苦しくって」

いい加減呆れた二人、仕事があるから若旦那だけ居続けなさいと言いますと、すかさず若旦那、

「そんな事してごらんなさい。大門で留められる」

青春の若旦那、道楽入門編の佳作であります。

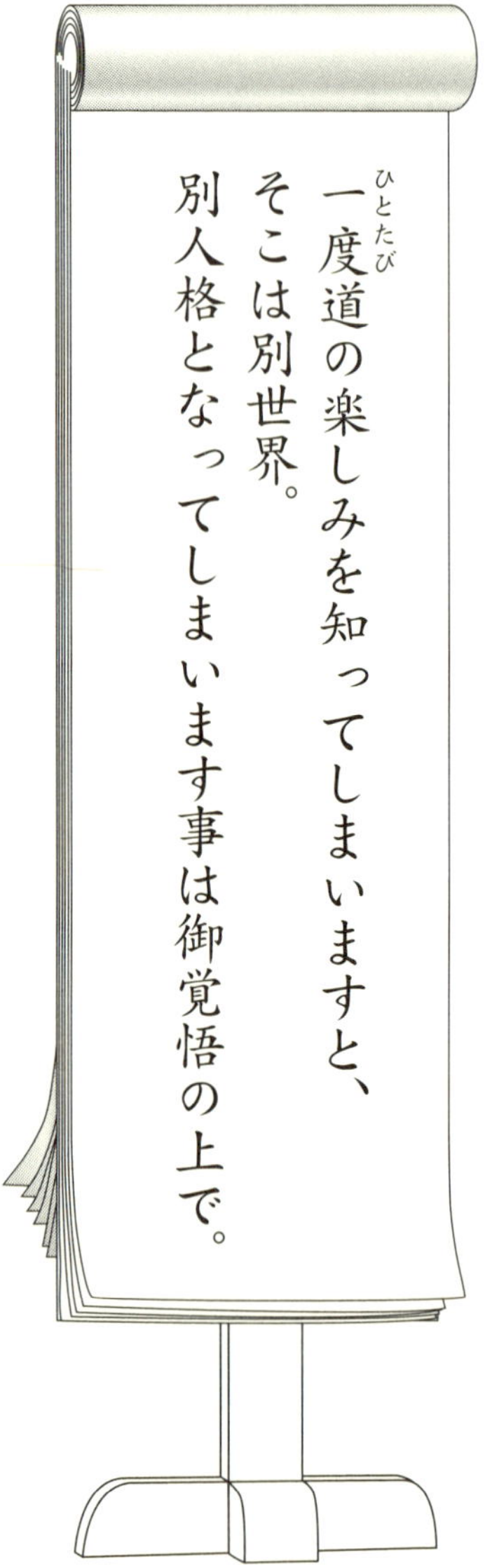
一度《ひとたび》道の楽しみを知ってしまいますと、
そこは別世界。
別人格となってしまいます事は御覚悟の上で。

二十三　二階《にかい》ぞめき

これぞ本当の生活習慣病でしょうか

遊び事だけでなく、何事におきましても癖になってしまいますと自動的に同じ行動を取ってしまうという事があります。特にその事に対する欲求が強い訳ではないのに何となくついやってしまうまあ惰性、という事なのでしょうか。

一杯飲むと締めに必ずラーメンを食う、茶漬けをすすり込むから、二次会にカラオケに行かなければ何となく収まりがつかないなどがそれであります。

そういえば昭和も五十年代の頃は、一杯やってその後キャバレーなんてのが流行《はや》ってました。ロンドン、ハワイ、ブルームーン、ハリウッドなんてチェーン店が盛っており、キャバレー太郎として福富太郎さんなんて有名人が結構マスコミに露出していらっしゃいましたが、平成二十二年現在も御健在の御様子で誠におめでたい限りであります。

さる大店の若旦那、毎日必ず吉原に行かなければ気が済みません。ただ、登楼するのではなく、素見《ひやかし》をすれば気が済みます。むしろこの素見の方が好きなくらいでありました。素見といいますと、吉原に行きまして張り見世に出ている遊女を見物しつつ品定めする訳ですが、はなから上がる気のない客の事をいいます。格子越しに遊女が差し出す煙管《きせる》の煙草を吸いながら何やら言葉を交す、それだけで「仲《なか》」を一と廻

吉原妓楼風景。妓楼の規模によって料金も大体決まっておりましたので判りやすかったものです。一番高級なのが大籬《おおまがき》で、張《はり》り見《み》世《せ》（遊女が客に顔《かお》見《み》世《せ》をするところ）が全て格子で囲われており、一部格子が省略されているのが中籬《ちゅうまがき》で、格子が半分までなのが一番安直な小店とされておりました。（『吉原十二時』）

りして帰る訳です。

吉原といってもその広さは幅百八十間（約三百五十メートル）奥行き百三十五間（約二百七十メートル）と意外と狭いものでありまして、大門《おおもん》から真直ぐに仲之町というメインストリートでこちらには妓楼はなく引手茶屋だけです。この仲之町に交差する街路に面し妓楼《ぎろう》が軒を連ねておりました。大門を入って直ぐの左手が伏見町、進んで右に入れば江戸一丁目、左に曲がれば江戸二丁目（通称江戸一、江戸二）さらに進んで右に入ると揚屋町、左に行けば角町《すみちょう》、曲らずに仲之町をさらに進んで右が京町《きょうまち》一丁目で左が京町《きょうまち》二丁目（京一、京二）となります。大門入って左手奥のおはぐろどぶ沿いになりますと最下層の小見世ばかりの、通称羅生門河岸でありまして、こちらに入ってしまいますと、源頼光の四天王、渡辺の綱《つな》に腕を切り落とされない限りつかんだ腕を離さない様な強引な客引きで有名なところであります。

今でこそ色々な業界で買う気のない見物だけの客を「ひやかし客」と呼びますが、元々は吉原の張り見世見物だけの客を呼んだ言葉であります。現在でも吉原近くの土手通りに交差点名として残っておりますのが「紙洗橋《かみあらいばし》」です。こちらは浅草紙、つまり主に落し紙（トイレットペーパー）に使われた漉《す》き返し紙の製造場所がありました。その製造工程で漉いた紙を二時間程冷《ひ》やかす間の暇つぶしに紙職人達が吉原に行ったところから、あいつは「冷やかし」だと言われたことが起源だそうです。

さてこの若旦那、吉原の雰囲気が何より好きで、仲をぶらぶら流しているだけで満足であります。しかし毎日となりますといくら何でも親父も放っておけません。番頭さんに意見を言って貰いますと、何も吉原に行かなくても良い、あそこの気分が出れば良いだけなんだとの事でありました。それじゃと、出入りの棟梁に頼みまして、吉原の張り見世そっくりをお店の二階に造ってしまいました。

さあ若旦那、どうぞ御存分にこの二階で「ぞめき」（素見）をなさって下さいと言われた若旦那、あまりの見事な出来にびっくりしましたが、最初のうちはどうも調子が出ませんでしたが、だんだん気分が出てまいります。

「誰もいないのは寂しいけど、年に何回かはこんな日もあるよ。紋日《もんび》で皆んな上がった大引け過ぎ。人っ子一人いなくなって通るのは新内か按摩だけ、こんなところを知っているのは素見の達人の俺だけだろう、見上げたもんだ」

そこんとこから一人芝居が始まりまして、素見をなじる遊女と口喧嘩、挙句に若い衆とも喧嘩となった芝居です。何事が始まったのかと心配して見に上がった小僧の定吉と目が合った若旦那、

「ああ定吉か、ここで会ったのは親父には内緒にしといておくれ」

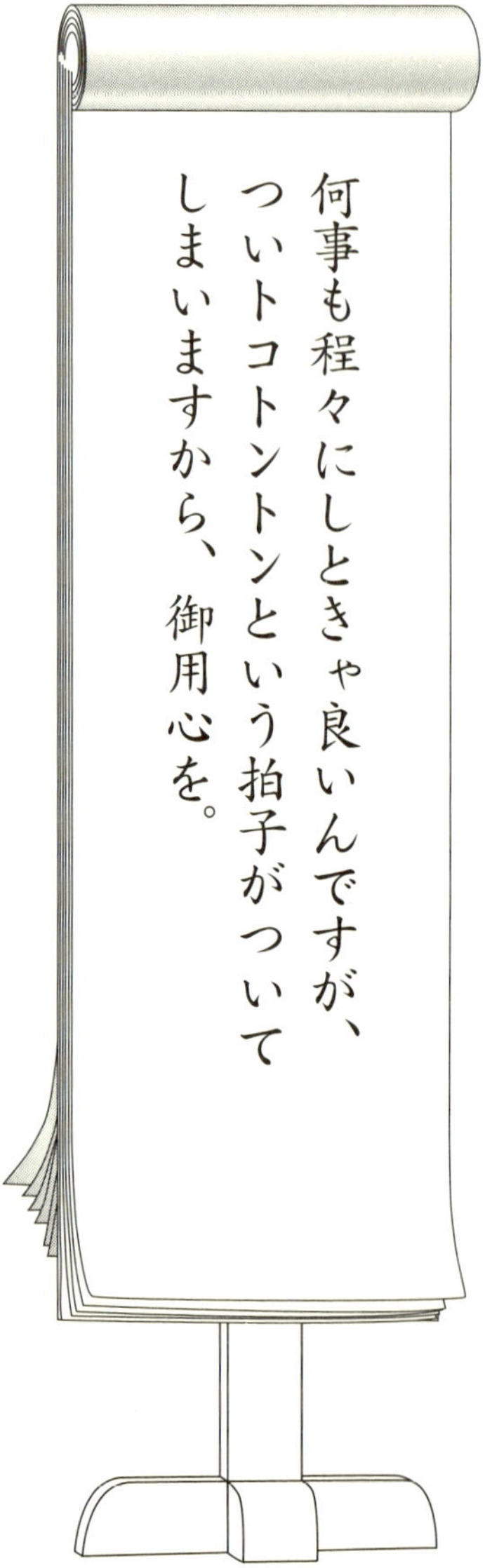
何事も程々にしときゃ良いんですが、
ついトコトントンという拍子がついて
しまいますから、御用心を。

二十四　酢豆腐《すどうふ》

町内の若い衆、寄ってたかって

今でいう青年団みたいな組織で近世日本の各地に若者の組織がありました。地域によって呼称は異なる様ですが、若者組、若者宿などへの参加がその地域では義務付けられていました。およそ十五歳前後から妻帯するまでのきまりであった様です。定期的にあるいは一定期間共同生活を体験し、先輩から後輩への種々の教育を為《な》し、その共同体の構成員として共同生活に必要な事柄を習得したものだそうです。しかし、これは想像ですがこんな集まりで伝授される事は、よからぬ事の方が多い様な気が致しますのも、これは育ちの所為《せい》でしょうか。夜這いの仕方、やらせの後家の居場所、一盗二婢《いっとうにひ》（人妻と女中）の意味、童貞喪失時の留意点、年齢別女性の攻め方、猥談、猥歌の類いであったと思われますが、いかが。

区役所集会所ほど正式なものでなくても、町会事務所みたいな所が現在も町のそこかしこに存在します。祭礼時などには寄附受付所、お神酒所、役員詰所などに活用されますが、普段はこれといって使用はされておりません。江戸の頃も番屋みたいに正式の場所ではないもののこれと同様の施設はあり、そこが町内の若い衆の溜まり場となっていたと思われます。

今日も「寄り合い酒」みたいな感じで皆で一杯やろうとなりました。「寄り合い酒」は鰹節の出汁でふんどしを洗ったり、数の子を茹でちゃったりのへまの連続でしたが、今回は糠床から誰が古漬けを出すかが問題となりました。

「糠みそに手え突込《つっこ》んでかき廻すと忘れた様な古漬けや薬味代わりの生姜なんかが出てくらあ。こいつを細かく刻んでいったん水に泳がして、臭みを抜いて固くしぼって醤油かければかくやの香《こ》う物《こ》（家康の料理人岩下覚弥《かくや》創案だからとか高野山隔夜堂の僧の為からとかの説があります）、なんてのはどうだい」

この言い出しっぺも自分で出すのは軍師のやる事ではないと逃げを打つ始末であります。

指名された者も、良い若い者のやる事じゃないとか親父の遺言でそれだけは出来ないとか、俺は糠漬けは食うが糠床に触ると死んじゃう病《やまい》だとか、何だかんだと言って収まりがつかないところへやって来ましたのが建具屋の半ちゃんです。ちょっと一杯と誘いますが、野暮用で失礼とつれない返事です。

「半ちゃん、野暮用なら仕方ないが、あんまり女を泣かすもんじゃないぜ。小間物屋のみいちゃん、お前にばか惚れじゃねえか。この色男、女殺し、色魔、張り倒すぞこの野郎」

これを聞いた半ちゃん野暮用そっちのけで戻って来て仲間の輪に入ります。

「あんな野郎のどこに惚れたんだってみいちゃんに聞くと、半ちゃんこそ男の中の男、江戸っ子、職人気質《かたぎ》、神田っ子、人にものを頼まれて断った事のない達引《たてひ》きの強い人、だってさ、どうだい」

「あたぼうよ、半ちゃんと言われただけで皆まで言わせる前に火の中に、半と聞いたらそのまんま水の中。こちっとらァ江戸っ子だってんだ」

「その江戸っ子を見込んで頼みがある。糠床から古漬け出してくれ」

さんざん粋がった半ちゃん、引っ込みがつかず古漬け代として二分を払って示談としました。昨日の残りの豆腐があった筈だがと聞けば、与太郎がしまっておいたとの事です。お釜に入れてぴったり蓋をして一日経った豆腐です。黄色くなったところ、黒ずんじゃったところ、青い毛、白い毛なんかがぼうっと生えて臭気は吐き気を催させるすさまじさであります。そこを通り掛ったのが伊勢屋の若旦那、こいつをおだてて食わせてやれとなりました。昨夜はどちらへと水を向けますと、

「初会なれど馬鹿に惚れられ、憎い人と、目ん玉を吸われ、鼻にかんざしを突込まれ、咽笛に食らいつかれ、どうも拙《せつ》などは婦人にとり殺される運命《さだめ》の様でげすな」

　その当代きっての通人の若旦那を見込んでお願いがある。不粋な一同これの食い方が判らないので教えてくれと差しだす例の豆腐、今更後は見せられない若旦那、これは酢豆腐という珍味と、負け惜しみを言いつつ涙ながらに飲み下します。もう一と口と勧められ、

「いや酢豆腐は一と口に限ります」

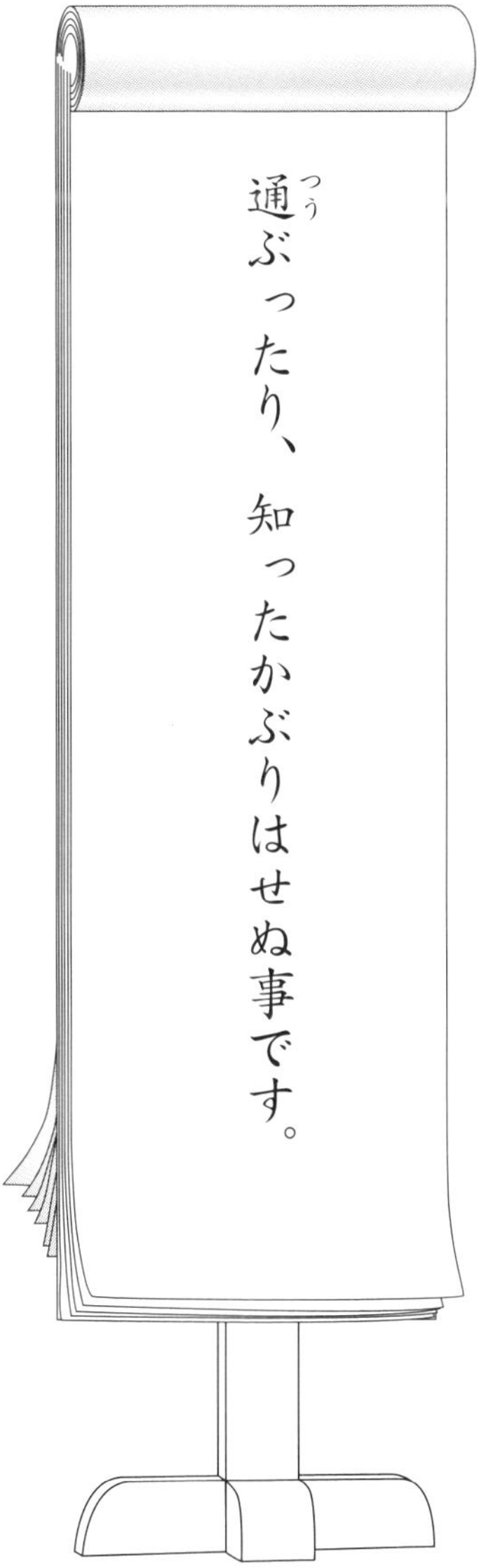
通《つう》ぶったり、知ったかぶりはせぬ事です。

二十五　唐茄子屋政談《とうなすやせいだん》、舟徳《ふなとく》、湯屋番《ゆやばん》

道楽の果てはこんなところでしょう

道楽道にずっぽりはまった若旦那の末路といいますと勘当、と通り相場となっております様で。稀に心中にての結末を迎えますが、落語にはそんな立派に貫き通すご仁は出てまいりません。正規の勘当は町役人または奉行所に届出て勘当帳に記録します。勘当されそうな者の人別帳に町役人が目印に札を付けておきましたが、これがいわゆる札付《ふだつ》きの語源だそうです。勘当された者が惣領息子の場合は家督相続を否定され、親類縁者との関係も義絶されます。

現代日本におきましても当然に相続資格を否定される相続欠格の制度、つまり被相続人、先順位、同順位の相続人を死亡させ、または死亡させようとして刑罰を受けた者、被相続人の殺害された事を知りながら告訴告発をしなかった者、遺言作成の際、詐欺、強迫をした者または遺言書を偽造、変造、破棄、隠匿した者の場合が相続欠格、それと家庭裁判所に請求して相続人の資格を奪う相続廃除の制度がありますが、江戸時代も制度としてもう少しゆるやかな適用条件で存在したのが勘当でありました。

当時も現実には正式の勘当までは至らず、親類縁者に廻状を出す程度に留める場合（内証勘当）が多数であった様です。流石に道楽者の若旦那もここまでやられますと、親父本気だなと悟り、多くの場合道楽を断ったものだそうです。

勘当された若旦那、とりあえず真面目に働く体裁を整え、仲立をする訳知りの叔父さんみたいな人が時の氏神となり勘当を許される、というところが典型的な解決方法であったそうです。
現代のヤクザ社会にも破門と絶縁があり、絶縁の場合はヤクザ社会からも完全追放となり、復帰の途は閉ざされているそうであります。落語の社会でもたまさか破門などを聞きますが、本人「へっ」とも思っていない御様子であるのも結構な事であります。勘当理由と致しましてはやはり女道楽が主流であった様です。

「もうお前には呆れ果てた。今日という今日は性根を据えて返答しろ。勘当を受けるのか女を取るのか、さあどうだ」
「ええ、ようがしょう。その勘当とやらを受けましょう。出てきゃいいんでしょ、こっちには女の子がついてんだから。お天道様と米の飯はついて廻るんですから」（唐茄子屋政談）
と勢い良く家を出ますが、肝心の女の子も若旦那が好きであった訳でなく、若旦那の持って来るお金が好きだっただけである事を、思い知らされます。羽振りの良かった頃世話をした幇間《たいこもち》、芸人なんかの所も居られても二、三日、お店出入りの棟梁、頭、取引先のところなんかにころがり込んでの居候、ここで何とか今後の身の振り方を真剣に考えれば良いのでしょうが、おんば日傘で育った若旦那どうにも腰が定まらず、唯々《ただただ》ぶらぶらしてしまいます。奉公を勧めに来た親方に居候の若旦那、その方が安心して飯が食えそうだから、死なない為にそうしようかと訴えます。
「お前は知らないだろうけど、おまんまの時、上さんが給仕をしてくれるがこの飯が物凄い。濡れたしゃもじでおまんまをぺたぺた叩くね。叩きのし飯だ。平らになったところをすっと削《そ》ぐね。茶碗をこう持ってきゅっと扱《こ》く手つきの鮮やかさ。叩きの、のしの、削《そ》ぎの扱《こ》き飯。上から見れば一杯だけど中身なし。すなわち金《きん》花《か》糖《とう》飯、宇都宮釣り天井《てんじょう》飯、本多謀反、家光公暗殺の飯。これも二杯まで。三杯目には『若旦那、お茶ですか、お湯ですか、お水ですか、黒文字ですか、おしまいですか』といって、おまんまという言葉のかけらもない」

こんな思いをするくらいなら、湯屋に奉公する方が余っ程楽と思いますが、元々その方が楽だからといってする奉公ですから、どうにも締りません。（湯屋番）

出入りの船宿で居候している若旦那は、退屈しのぎもかねて舟頭になると言い出します。船宿の若い衆を呼び出して今後は皆と同じ舟頭とな

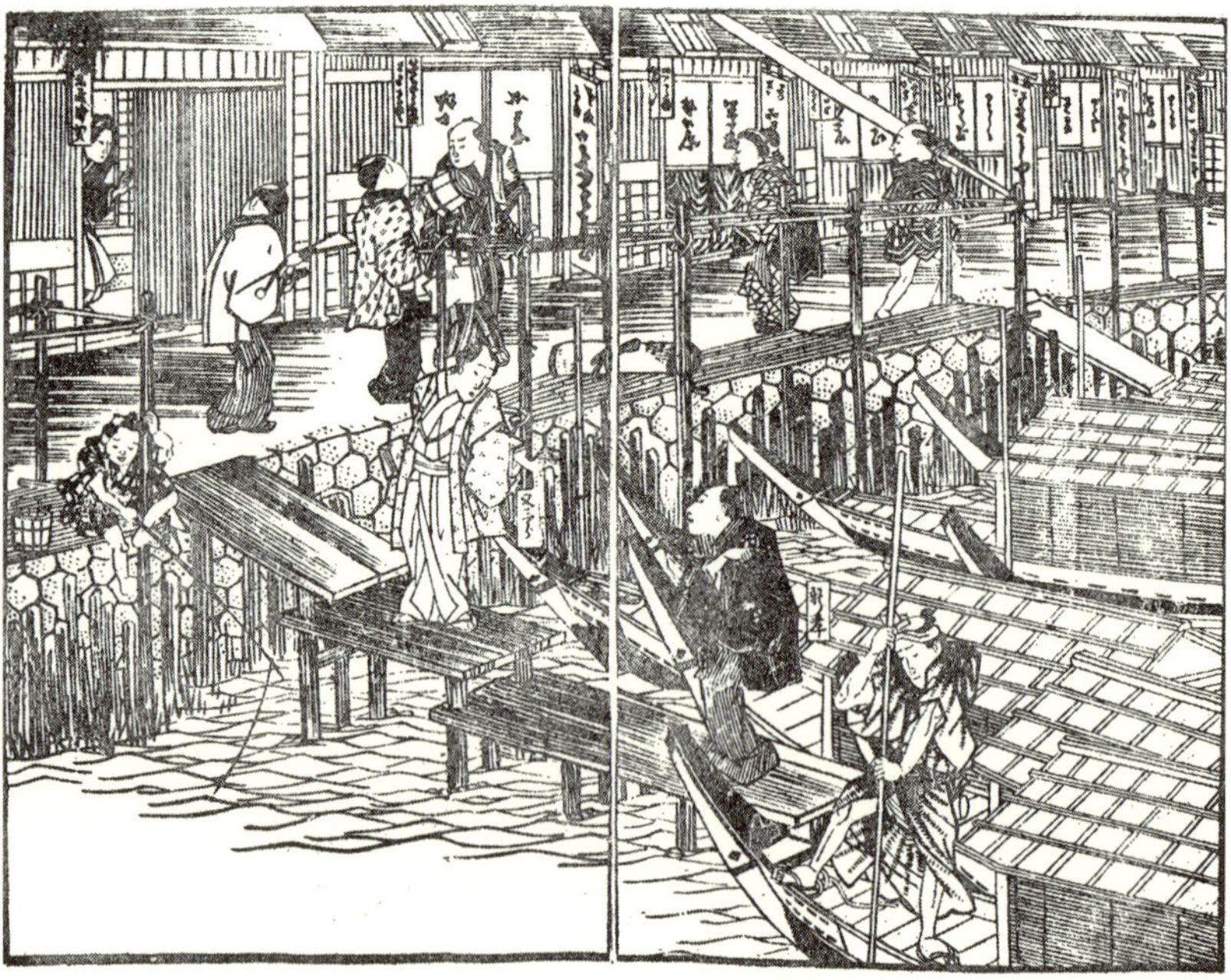

浅草三谷堀の船宿群。現在は暗渠となっておりますが、当時は隅田川からこの三谷堀が吉原の「おはぐろどぶ」まで通じておりました。日本橋小網町（宮戸川のお花の実家がここの船宿）、柳橋（神田川が隅田川に流れ込むところ）がこの船徳のホームグラウンドで、その辺から軽快な猪牙舟《ちょきぶね》（通称勘当舟）で三谷堀まで来て吉原に繰り込むルートもあったそうです。（歌川国直画『出世娘』）

ると宣言致しますが聞いた方は本気にはなれません。
「若旦那、おやんなさいよ。あなたが舟頭になってくださりゃあ、あっしどもだって肩身がひれぇや。第《でえ》一柄《いちがら》がいいや。おつな拵《こしらえ》で櫓《ろ》へつかまって、裏河岸の一と廻りでも廻ってごらんなさい。芝居《しべえ》に出てきそうな舟頭が出来るね。本当……柳橋の芸者衆が放っとかないよ。憎いね、音羽屋《たやっ》（菊五郎）」（舟徳）
かたや、お湯屋に奉公したこちらの若旦那も勤労意欲は限りなく零に近いものがあります。
昼のまかないは鰻丼が良いとか、釜焚きは粋じゃないとか勝手の言い放題です、挙句の果てが無理矢理上がった番台で妄想にふけるばかりです。休みの日に町を歩くとお得意様の芸者とばったり出会い、まあ上がって下さいと誘われる。

お湯屋の番台風景。この絵では本で顔を隠して覗いておりますが、噺では女湯は空なので妄想ばかりしていました。

「あら、お湯屋の番頭さん。さあどうぞさあどうぞと泳ぐ様に迎えに来るね。やあ一杯って、やったり取ったりしているうちに、一天にわかにかき雲り大粒の夕立ち。ゴロゴロピカッとくると女は目を回す。

気付けに口うつしで水を飲ませるとうっすら目を開けにっこりと、うれしゅうござんす番頭さん。それじゃ今のは空癪《そらじゃく》か。雷様はこわけれど私にとっては結ぶの神」呆れた客から殴られて、やっと目を覚す有様です。

(湯屋番)

米の飯とお天道様はついて廻る筈だった若旦那の方も、もう三日も何も食べておりません。着物もボロボロ、陽に焼けて真黒になり白目だけがギョロギョロしております。突然の夕立ちにもう雨宿りする気力も失せて、ぼうっとしながら辿り着きましたのが吾妻橋。おりからの豪雨に増水した大川を見ておりますと、このままここから飛び込んだ方が余っ程楽だと思えてきます。橋の欄干に足を掛けたところを助けてくれたのが何と本所の叔父さんでありました。

「どうだ、お天道様と米の飯はついて廻ってるか」

「お天道様はついて廻ってますが、米の飯はついて廻って来てません」

死んだ気になって働くなら助けてやると、家に連れ帰ります。大喜びして飯のおかずに魚でも買って来るとの婆さんに、

「魚なんか食わすこたぁない。なんたってさっき魚に食われようとしてたんだから」

布団はあるが蚊帳《かや》がないと言いますと、

「こんな馬鹿蚊が刺すもんか。こいつを刺したら蚊の方が馬鹿んなっちまう」

翌日、唐茄子の棒手振《ぼてふり》商売道具一式を持って来た叔父さんに、唐茄子売りとは見っともないと渋る若旦那ですが、

「馬鹿野郎、手前に売られる唐茄子の方が余っ程見っともながってらぁ。嫌なら、きたない着物で今直ぐ

大川に飛び込んで来い」

「唐茄子売ります」

炎天下、ふらふらになりながら親切な人に助けられ何とか唐茄子を売り捌き、人助けまで出来た若旦那無事帰参が叶いました。（唐茄子屋政談）

落語に出て来ます若旦那は、総じてだらしのない人が多い様ですが、現代日本におきましては、どうなんでしょうか。一つだけ間違いなくいえる事は、育ちの良い人程、順調な時は良いけれど、一度道を踏み外しますと、中々立ち直れない様であります。

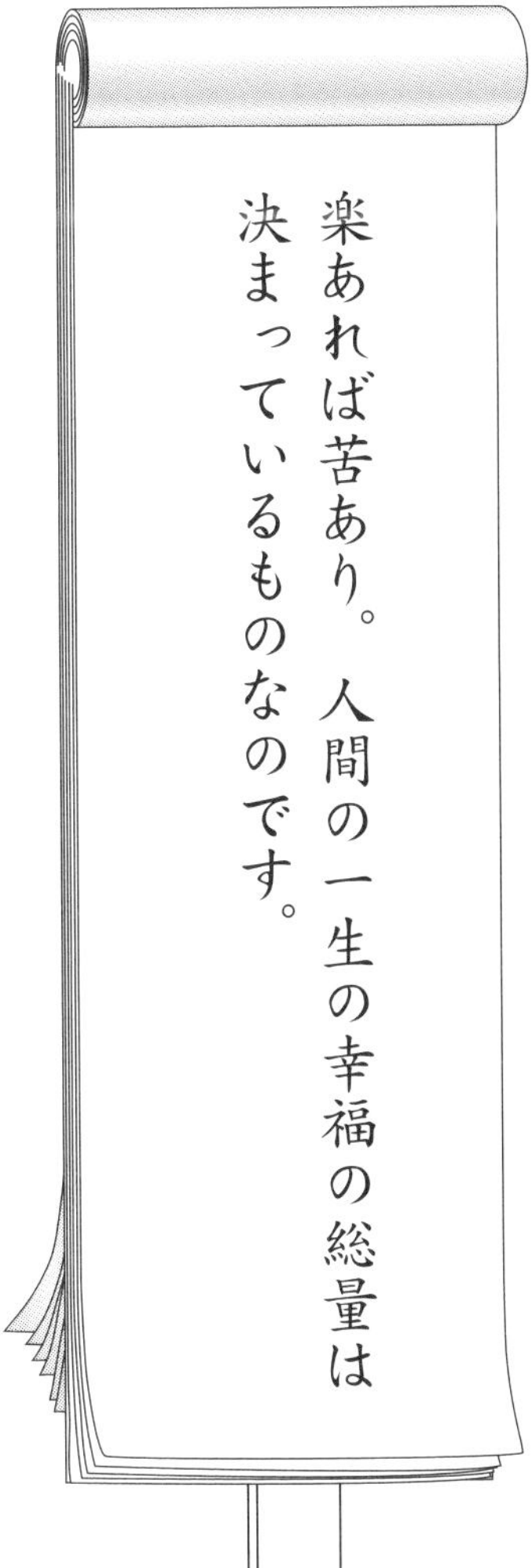
楽あれば苦あり。人間の一生の幸福の総量は
決まっているものなのです。

二十六　三枚起請《さんまいきしょう》

遊女の稼ぎのテクニック

江戸幕府も人身売買は禁止しておりましたから、遊女も表向きは通常の奉公と同じ、年季奉公という体裁を取っておりました。その際に前受金（バンス）を貰い、これの返済の為に十年間奉公をするといった契約であります。

多くの場合、全国を廻る女衒《ぜげん》が客を取れそうな若い娘の親と話をつけ、親に金を渡し妓楼に手数料を取って引き渡したものだそうです。何やら以前の風俗営業のシステムと似ておりますが、いつの時代もやっていることは一緒という事なのでしょうか。

さらに「鞍替《くらが》え」といって他店がこの遊女の借金を肩代わりして転籍する事もありましたが、これも何やら今の銀座、赤坂などのクラブ、バーと似ております。江戸時代の前受金は、「文七元結《もっとい》」の娘お久、「柳田格之進」の娘絹、ともに五十両でありましたから、この辺が相場であったのでしょう。

ちなみに当時の五十両は貨幣価値の変動もありますが、現在の三百万円から五百万円といったところでしょう。売れっ妓《こ》になりますとこの借金の返済ペースも早まりますが、妓楼としてはせっかくの収入源を失なうこととなり痛しかゆしであります。

そこで紋日《もんび》という日が年間に数十日設定されており、この日は通常の倍額の料金でありながら必ず客を取る事などが義務付けられていたり、日によりましては衣裳を総取り替えし、芸者、太鼓持ち、かむろ、若い衆などに祝儀をはずまねばなりませんでした。馴染み客がその費用を出してくれれば良かったのですが、それが出来なかった場合は楼主からの借入金増となる仕組みでありました。廓におきましては、遊女と客は夫婦関係を擬制しておりましたので、馴染み客が他の遊女に登楼することは厳禁されておりました。万が一客の浮気が露見致しますと、客は髷を切られて見せしめとされたそうです。もちろん遊女の方が複数の馴染み客を持つ事はフリーでありました。

そんな馴染み客をつなぎ止める手段の一つが「起請文」でありました。年季が明けたら貴方と夫婦になります、なんて誓詞を書いたものですが、正しくは熊野牛王《くまのごおう》が書かれた厄除けの護符に記入したもので、これを書くだけで熊野でからすが三羽死ぬ、とかこれを破ると熊野のからすが千羽死ぬとかいわれました。但し、遊女の場合職業柄七十五枚までは起請

牛王宝印護符《ごおうほういんごふ》（本図は熊野神社発行）
全国の寺社で発行する護符で熊野三社のそれが有名。八咫烏《やたがらす》（神武天皇東征時に先導を務めた大鳥で熊野神社の神使）が75羽図案化され、裏面に誓詞を記し起請文としました。これを破ると「熊野でからすが三羽死ぬ」とも「千羽死ぬ」ともいわれ、但し、遊女は75枚までは破って良いといわれました。

を守らなくても神仏に許された、という話も残っております。

おふくろさんから息子の半ちゃんが家に帰らず、遊び呆けて困ると相談された棟梁、問い質してみますと女遊びに明け暮れているとの事。しかもその遊女から起請文を貰っていて来年三月年季が明けたら夫婦になる約束との事であります。差出し人は江戸二朝日楼の喜瀬川《きせがわ》花魁です。何と棟梁も同一人から同じ内容の起請文を貰っておりました。

そこにやって来たのが金ちゃん。かくかくしかじかと物語りますと何とその金ちゃんも同じ喜瀬川花魁から同じ起請文であります。

どうにも腹の虫の収まらない三人、今夜あの妓《おんな》の前に三枚の起請を出して吉原にいられないようにしてやろうと相談がまとまりました。

井筒という引手茶屋に花魁を呼び出しまず棟梁が切り出し役、後の二人は押入れに隠れております。棟梁が貰った起請の引きちぎった紙きれを放り出しますとそれに気付いた花魁が、

「人が命がけで書いた起請をこんなことして、……ひどいよ。ひどいよあんまりだ」

「嘘つきやがれ、お前建具屋の半公にも書いたろう」

「半公、あんな奴に書くもんか、水がめに落っこったおまんまつぶみたいにふくれてる奴」

「水がめに落っこったおまんまつぶ出てこい」

「経師屋の金ちゃんてえ人にも起請をやったろ」

「金公かい、あんな日陰の桃の木みたいなひょろひょろのきざっぺに誰が起請なんか書くもんか」

「日陰の桃の木、出てこい」

「ちくしょう、はめやがったね。さあぶつなと、殺すなと好きにすりゃ良いが、あたしの体は御主人に金で買われてんだ。好きにするならあたしを身請けしてからに勝手にしておくれよ。ざまあみやがれ出来ないくせに」

「まあ待て、女郎がだましたのを文句言ってんじゃねえ。客を殺すのは口だけにしろい。これじゃ熊野がからすの死がいだらけになっちまう」

「そんならもっと起請をどっさり書いて、世界中のからすを皆殺しにして、ゆっくり朝寝がしてみたい」

　この喜瀬川花魁「五人廻し」を取ったり、「お見立て」で嫌な客に自分が死んだことにしたりする有名人でもあります。

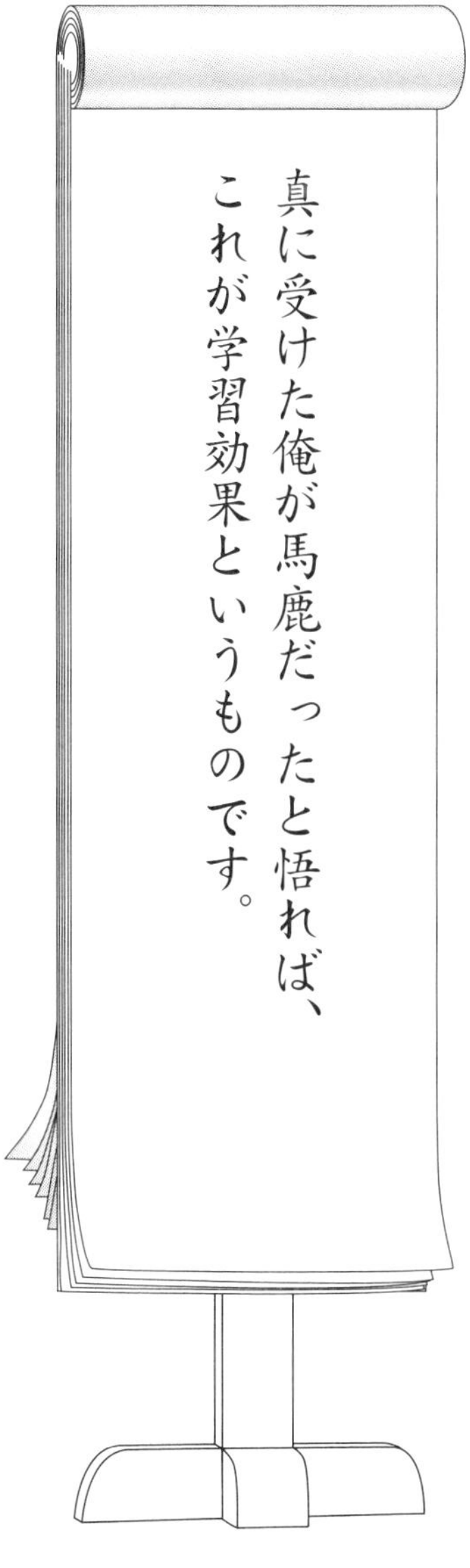
真に受けた俺が馬鹿だったと悟れば、
これが学習効果というものです。

二十七　お茶汲《ちゃく》み

遊女のテクニックその2。ちょっと知能犯であります

吉原も発足当時からしばらくは格式高く、そのしきたりも厳格なものがあった様です。遊女と客といいましても前述しました通り、夫婦関係を擬制した訳ですから、そう簡単にお床《とこ》入りとはなりませんでした。吉原にあっては女性上位であり、席も上座は遊女と決まっておりましたし、揚代を取っても客の前に顔も出さずに放ったらかしも女の自由でありました。もちろんそんな事を繰り返せば客が減ってしまい収入減を招来しますのでそう勝手ばかりはしていられなかったと思われますが。しかし、かなりの期間厳しく運用されましたのが、初会《しょかい》、裏《うら》、馴染《なじ》みのしきたりです。

第一回目の登楼は初会といってこれは単なる顔合せ、お見合いみたいなものです。二回目が裏を返すといいまして、遊女と客もだいぶねんごろになりますが、未だお床入りはございません。三回目の登楼にてようやく馴染みといわれ、遊女の目にかなえばようやくお床入りとなったものだったそうです。

その間の費用も大変物入りだった様で、揚代は遊女への報酬で、さらに男芸者、女芸者、幇間《たいこもち》、遣り手、若い衆、禿《かむろ》などへの玉代、心付けなどが必要でありました。さらに総花《そうばな》といって妓楼の使用人全員から茶屋船宿にまで心付けを出すこともあったそうです。これだけの費用が負担出来る人は、そう多くはない筈で、遊女はいかにお客を確保するかが最大の関心であった事に間違いはありません。しかし、こんなしきたりも、そんな面倒な事を言わない岡場所の台頭や、私娼の猖獗《しょうけつ》などの外部要因によってすたれ、言葉だけの初会、

遊女といっても格付けがありました。明暦三年（一六五七年）の大火の後元吉原から新吉原に移る前は、太夫《たゆう》、格子女郎《こうしじょろう》、局女郎《つぼねじょろう》、端女郎《はしじょろう》と格付けされ、新吉原に移ってからは花魁《おいらん》（これも3段階で上から呼出し、昼三《ちゅうさん》、座敷持ち、この下が若い遊女で新造《しんぞう》。禿《かむら》は見習いで6歳位から14、5歳、客はとらなかったそうです。（『絵本時世粧』）

裏、馴染みなどが残った様でもあります。

いつもの様に町内の暇な若い衆がたむろしての与太話であります。建具屋の半ちゃんの物語るところによりますと、

「ゆうべ吉原《なか》に繰り込んで、初会ながら馬鹿なもて様、まんじりともせず一晩寝ずてんで、腰はふらふらお天道様を真向きに拝むことができねえんだ」

半ちゃん、昨日はたまの休みでふところがちょっと暖かかった。浅草でぶらぶらしているうちに自然と足が北（吉原）へ、北へと向き、大門をまたいだのがちょうど今あかりがついたばかりの、これからってところであったそうです。

「湯うに入って、おでん屋でカブトをきめて（升で冷酒を飲んで）茶飯で腹をこしらえて素見《ひやかし》を始めた。いつもの楼《うち》を通り越して安《やす》

大黒《だいこく》って楼に目についた妓《おんな》がいた。若い衆とちょっと甘味にあっさり宇治でも入れて安直にってことで話をつけて登楼《あが》ったんだ。ひきつけ（客と遊女が出会う部屋）に妓が入って来るなりいきなり『きゃーっ』と言って飛び出した」

しばらくすると妓も戻って来たがそのままお引け（妓の部屋に入る）となった。実はと問わず語りの妓の話によれば、三年前故郷を男と二人駆け落ちしたがどうにもいかず、商売の元手にと苦界に身を沈めたのが二年半前。当初は三日とあけずの文のやり取りも次第に疎遠となり、他に増花《ますはな》でも出来たのかと男の不実をうらみ、人をもって聞いてみれば病いの床との話。出るに出られぬ籠《かご》の鳥の我が身を呪っても詮ないことと神信心。しかし薬石効なく男は死んでしまったのが一年半前、それ以来もう抜け殻の様な毎日だったが、今日初会の貴方を見て驚いた。死んだ筈のその男が座ってるじゃないか。

「ほんとにその人に瓜二つというより割らずそのまんま」

と言ってめそめそと泣きだすその妓の目元を見ればなかった筈の黒子《ほくろ》が出来て、しかもだんだん下がっていく。おかしいなと思って良く見るとこれが何と茶がらであった。涙の代わりに茶碗のお茶で目をぬらしていたという寸法でありました。半ちゃん妓の嘘に目くじらを立てるのも野暮と思い、だまされたふりをして二世を誓い、良い思いだけをして帰って来たとの事でありました。裏を返すのかと聞かれ、

「冗談言うねぇ。あんな水くさい妓買えるもんけぇ。ひねりっぱなしだ（一度だけ）」

話を聞いた兄貴分、安大黒楼の紫と名を確かめて吉原に出掛けて行きました。若い衆に、甘味と宇治かなんかで安直にと話をつけ、紫を見立《みた》てて（指名して）登楼りました。ひきつけ部屋に妓が入ってくるなり、「ああっ」と悲鳴を上げて倒れたのが男の方。どうも気分が悪いからもうお引けにして部屋に下がろうとい

たしました。

「実は花魁聞いてくれ。おれの生まれは遠州浜松在。餓鬼の頃から手癖は悪くねえんだが惚れ合った女がいたがこっちも一人息子であっちも一人娘。養子も出来なきゃ嫁にも来れぬ。手を取り合って駆け落ちしたのが三年前。にっちもさっちもいかなくなり、商売の元手にしておくれと女が苦界に身を沈めたのが二年半前。そのうち便りも来なくなり、それも稼業の為せる業と思っていたが調べてみると病いの床。看護《みとり》看病《かんびょう》も出来ぬが法。神信心の甲斐もなくとうとう女が死んでしまったのが一年半前。それ以来は抜け殻の様な毎日」

「お待ちなさい。いまお茶を汲んであげますからねえ」

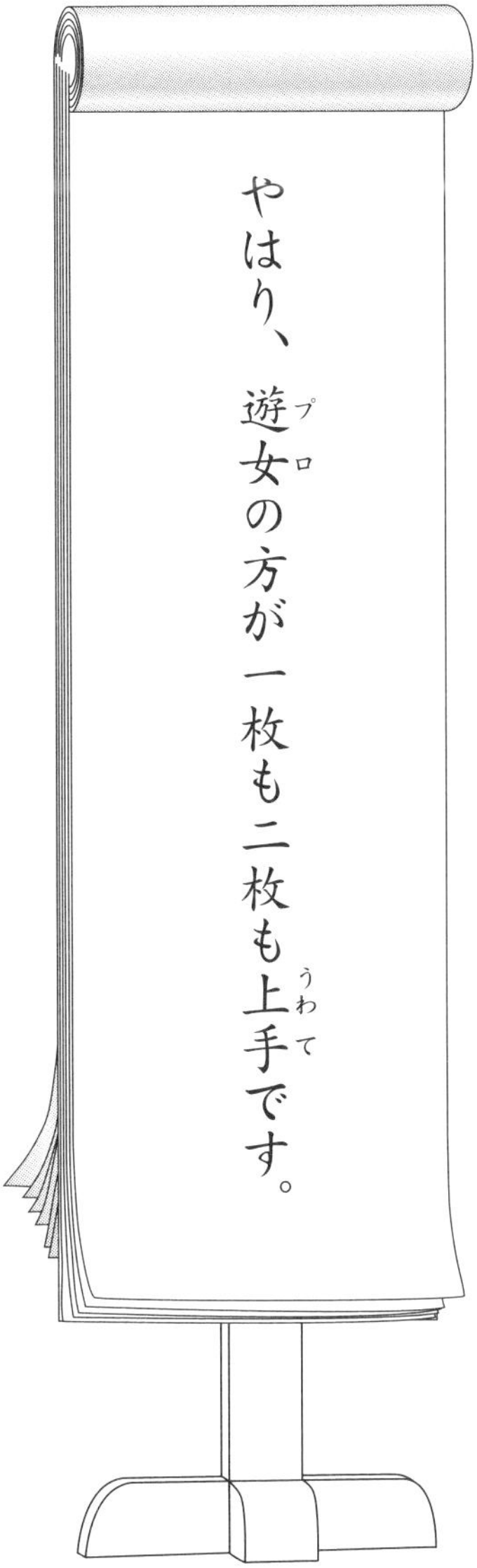
やはり、遊女《プロ》の方が一枚も二枚も上手《うわて》です。

二十八　五人廻《ごにんまわ》し

同時に複数の客と契約するのは吉原だけの習慣でした

吉原はその開業当初（元和四年、一六一八年）は昼間のみの営業しか認められておりませんでした。

しかし明暦の大火後の明暦三年（一六五七年）に幕府から移転を命ぜられた際に条件として敷地五割増、町役御免、引越料、私娼湯女《ゆな》の潰滅などの条件とともに、昼夜営業を認めさせました。

その後昼見世が昼九ツ（十二時）過ぎからで、夜見世が暮れ六ツ（午後六時頃）から中引けが夜四ツ（午後十時頃）までであリましたが、常時二時間延長され大引け夜九ツ（午後十二時頃）までの営業時間でもありました。

明治、大正の頃は中引けが十二時で大引けが午前二時であったそうです。

この大引けの合図が四ツの拍子木と呼ばれるもので、「チョンチョン、チョチョン、チョンチョン、チョチョン」などと打たれ廓を触れ廻ったそうであります。

吉原にだけ存在したやり方で「廻し」というものがありました。

つまりは遊女が一と晩に何人も客を取った訳でありますが、もちろんこんな事をするのはちんけな小見世に限ったものの様であります。客にとりましては余り気分の良くないシステムでありますが、嫌なら来るな、これが吉原の法、野暮はお言いでないよ、といった世界であったのでしょうか。

ひきつけ部屋で芸者、幇間《たいこもち》を揚げての大宴会とまではいかないまでも、弥助（すし）とか鍋かなんかの台の物（仕出し料理）を取って多少は金を使う遊びと違って、廻し部屋（ただ寝るだけの粗末な部屋）で遊女の来るのを待っている安遊びの客が五人。待たせているのは落語界での吉原のスーパースター、喜瀬川花魁であります。起請文を書きまくったり（三枚起請）死んだふりして客をすっぽかす（お見立て）、あの花魁です。

宵勘《よいかん》でもう金は取られてしまったその勘定書を見ながら、こんな無駄使いをするなら墓参りにでも行っときゃ良かったと嘆く客です。

『弥助』ったってすしより笹っ葉の方が多い、だいいちいつものり巻きばっかで魚の方を食った事がない、娼妓揚代ったたってまるで手がかりなしだ」

とぼやいているところに不寝番《ねずばん》の若い衆がやってまいりました。

「やいこの野郎、モモンガー、チンケイト、脚気衝心《かっけしょうしん》、発疹チフス、ペストにコレラに、丸たんぼうのスカラベッチョ。猿の出来損ないじゃなくてちゃんと区役所に登録してる奴が顔を出せ。俺は何も女郎が来ないのをぐずぐず言う程野暮じゃねえ。宵のうちにちらりと見ただけの三日月女郎っての聞いたことがあるが、これじゃ皆既月蝕じゃねえか」

と、若い衆に毒突きます。一と言吉原には吉原の法、すなわち廓法《かくほう》で、と若い衆が言いますと、

「手前なんぞに吉原の法なんて聞かされてひっこむ様なお兄《あに》いさんじゃねえんだ。三つの時から大門またぎ、吉原中での大見世、中見世、小見世の数からどこの楼にどんな女が何人いて、仲の町、横町に芸者が何人、どぶ板の何枚目が破れているまで心得てるお兄いさんだ、頭から塩つけてかじられちゃう前に揚代けえせ、

この野郎」

ほうほうの体《てい》で逃げ出す若い衆です。

「勘定はすくないが言う事は多いや。三つの時から大門またぎだって。大方《おおかた》捨て子でもされたんだろう」

と独り言です。

「こらぁっ、小使い、給仕、これへ出ろ。貴様良い歳をして客と娼妓の同衾する布団運びの賤業夫となり淫声を聞き、醜態を見る。

これ全て貴様の怠惰、意思薄弱のなせるところなり。両親を恨むでないぞ。貴様もしまだ死亡届が出ないのならばこの状況が判然とするであろう。

男子たるべきものの登楼の目的とは、女郎買いの本分たるや那辺《なへん》にあるか。この二つの枕は何用の物なのか、まさか掛け替えの為ではなかろう。この受取書の娼妓揚代とはほとほと解釈に苦しむ。

これ正に有名無実の極み、それとも当家の娼妓は閨房《けいぼう》中の相手をせぬことが民法にでも書いてあるのか。ダイナマイトが爆発する前に直ちに揚代を返せ。揚代を」

こちらもようやく逃げ出しますと、

「廊下を御通行の君、こちらへお立寄りねがいとうおすな。うけたまわればかの隣室の野暮天を風に柳と受け流すぐあいは感心。角とれてまるいとこなんぞ、到来物の角砂糖にひとしいねぇ。

そこで尊公にお聞きしたいが、姫がはべりおりしと何人もおらんほうと、どちらが愉快と思し召すか。

傾城傾国に罪なし賓客《まろうど》に罪ありと吉田兼好もおつにひねっております。今さら姫の御来臨を賜わったとしても、もはや鶏鳴暁《けいめいあかつき》を告ぐるころおい、いかんともせん術《すべ》なし。玉代を返し、ついでに貴公の背中に焼けひばしにて東京都市の紋を印《しる》したい」

若い衆もこんなことしてたら命がいくつあっても足りゃしない、もっと真面目に生きときゃと思っていますと、

「こら、切り出し、面《つら》出しゃがれ。手前なんぞ妓夫《ぎゆう》（牛）のくずだから切り出し（こま切れ）野郎だ。今、畳を全部上げて探してみたが、どこ見ても買った女がいなくなっちまったんだ。お前ここへ来て一緒に探してくんな。

それでも出てこなけりゃ大人しく言ってるうちに玉代けえした方が身の為だぜ。明日の飯も食いたいだろうに。俺も千人ならともかく、一人二人切ったところで男が上がる訳でもねぇ」

さて、くだんの喜瀬川花魁は杢兵衛大尽《もくべえだいじん》の部屋でありあります。若い衆が他の客がうるさくてしょうがないので、花魁を少し廻しに出してやってくれと頼みます。

「そりゃおらだって年季《ねん》が明ければ夫婦《ひいふ》になって朝から晩まで一緒にくっついているんだからいまは廻しに廻れって言うだが、おらぁにおっ惚《ぽ》れてんだで出て行かねぇ。揚代返《けえ》せつうこた言う田舎者《いなかもん》は駄目《だみ》だ。おらぁこう見えても江戸《えど》っ子だぁ。おらが四両出してやるだから、みんなに帰ってもらってくんろ」

そこまで聞いた喜瀬川花魁、

「だけどもねぇ。もう一両はずんでわたしにくださいよ」

「何でわれに一両出すだ。われとおらの仲でねぇか、末は一緒に肥桶《こえおけ》洗う仲でねぇか。われのものはおらがもの、おらがものはわれのものだんべえ。だどもわれがそれ程言うなら、さあ一両やるべえ」

「貰っちまえばあたしのもんだね。じゃあこれをお前さんにあげる。後生だからお前はんもこれを持って帰っておくれ」

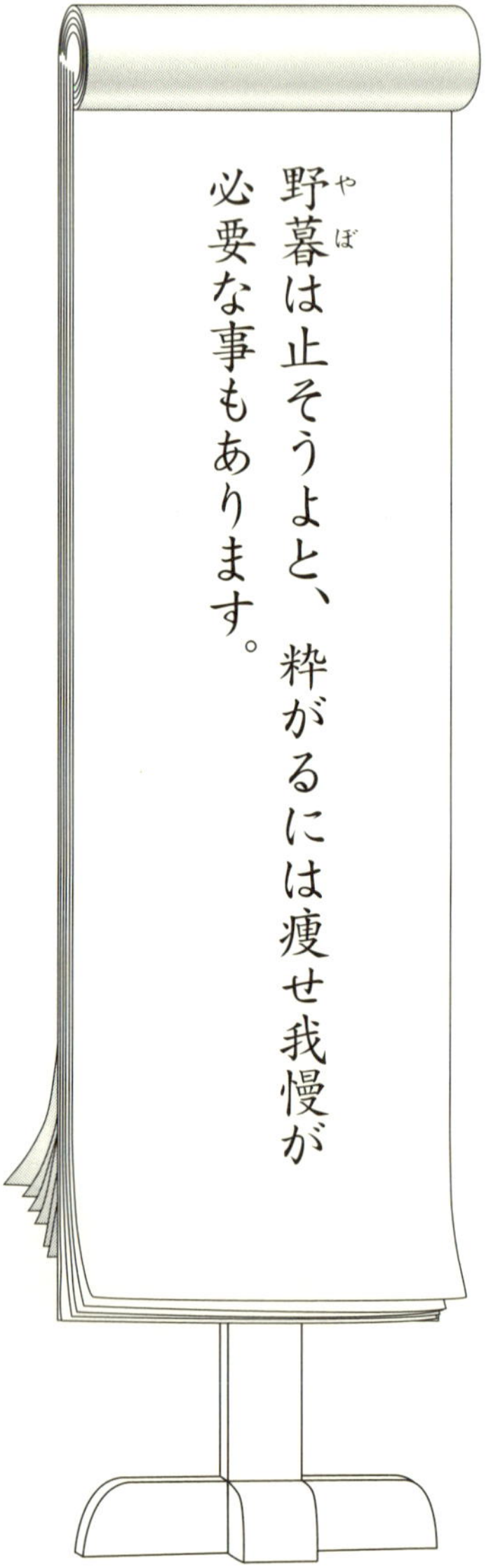
野暮《やぼ》は止そうよと、粋がるには痩せ我慢が
必要な事もあります。

二十九　付《つ》き馬《うま》、突《つ》き落《おと》し、居残《いのこ》り佐平次《さへいじ》

銭はないけど遊びたい

江戸の妓楼でも、現代の飲み屋、バー、クラブなどでも飲んでるうちに気が大きくなってついやり過ぎて、さあ御勘定という段になって手元不如意なんて事がたまさかあります。そんな時飲食店などの従業員を伴って帰宅して支払いを済ます事を、馬を引いて帰る、とか申しますが、この起源は江戸時代の吉原にあります。馬に乗って吉原に行きますと大門までであります。ここで帰り客を待つ馬子に吉原の妓楼が売掛金の回収を依頼したものだそうで、勘定不足の客の家まで馬を引いて付いて行き回収しましたところから付き馬といったそうです。

吉原における未収金回収方法は、古くは大桶を逆さに伏せて閉じ込め、店頭にさらし者にしたそうです。複数で遊んで未収金となった場合はその内の一人を人質として行灯部屋《あんどんべや》、その後は布団部屋に軟禁して精算を待つのは「居残り佐平次」の通りです。

一人で登楼した場合、当初は本当に馬子に回収を依頼し、あるいは妓楼の若い衆が同行したりしておりましたが、その後は取立専門業者に依頼し、これが馬屋、始末屋と呼ばれ、いわゆる地廻りのやくざ者であったそうです。

時は移り五代目古今亭志ん生師匠も吉原で支払い不能となった折、俥宿《くるまやど》に放り込まれ、柄の悪い若い者がごろごろしてる中で伝法な女将に身ぐるみはがされ、シャツ一枚猿股一丁の姿にされ、銭が出来たら取

りに来な、なんて目に遭ったそうであります。

この三題のお噺も、全て最初からの確信犯で「付き馬」は馬そのものを撒《ま》いて逃げる手口で、「居残り佐平次」は余りの図々しさに、軟禁している方から出て行ってくれと言わせる手口です。「突き落とし」はいわば粗暴犯で、文字通り馬をおはぐろどぶに突き落として逃亡する手口でありまして、ちと後味の悪い出来となっております。

何にしろ遊ぶ時は楽しくとも、いざ御勘定、となりますとこれは実に悲しいものであります。ここのところを何とかしたい、という古今東西、万古不易の願望がこんな噺を成立させたのでしょうか、もちろんこれはお噺の世界だけであります事を、充分御承知下さい。


夜見世の口開《くちあ》けの頃、一見《いちげん》の客を呼び込んだ妓夫《ぎゆう》に貸金の取り立てが済めば金が出来るんだがと返答する客。御支払いは翌日の集金後で、となりまして登楼致しました。

さてその翌朝「ゆうべ誘った牛《ぎゆう》（妓夫）が、一と夜明ければ馬となる」妓夫を同行して集金となりましたが、妓楼を出ますと、朝湯だ、迎え酒だ湯豆腐でおまんまだと好き勝手のし放題で、もちろん勘定は妓夫持ち。何だかんだとぺらぺらしゃべりながら田原町までやって来ました。

「言いそびれてたんだが、この近所に叔父さんがいてそこなら直ぐにやって来れるのだが、商売が早桶屋（葬儀屋）なんでね、どうかと思って」

「いえいえ私どもではそういう御商売は、はかゆき（果《は》か行く）がするといってよろこびます」

それならば話をつけて来るからここで待てと店に入ります。

大きな声で「おじさんおはようございます」

声をひそめて、

「表にぼうっと立っている男の兄が急死致しました。大男ですので早桶がどこでも出来ないと断られて困り果てております。何とかなりませんでしょうか」

「そりゃお困りでしょう、多少手間賃が掛かるがそれで良ければ」

となりました。

「いやあ、これで一安心だ。あの男訳が判んなくなってますから『大丈夫、俺が引き受けた』と言っていただければ当人も落着きますので」

客はさっさと遁走《とんづら》を決め、特大の早桶が出来上り、代金を請求された妓夫、そんな金はありませんと断りますと早桶屋の主人、

「何い、金がねえって。奴《やっこ》、吉原《なか》まで馬に行け」（付き馬）

さて、若い者達が寄り集まって吉原に繰り込むまでの相談は直ぐにまとまりますが、誰も先立つものがない。兄貴分が一と芝居に付き合えば只で遊ばせてやるとの甘言に乗って一同押し出しましての大盤振舞いであります。

翌朝差し出されました勘定書を見たこの兄貴分、

「えっ、これかい。ふーん何かの間違いじゃないの。えっ間違いない、あっそう。ちゃんと揚代だけじゃなく祝儀も入ってる、それでこれってのは安い。この妓楼《みせ》は商売上手だ。初手《しょて》から大きく儲けようってんじゃなくって細く永くって寸法だ偉いねっ。酒もずい分飲んだがビールが二ダースと九本ってのは。えっお連

れさんがお使いものって事で別注した。たらいと、鳥打帽子ってのもあるけど、これも別注か、それにしても安すぎるねぇ」

約束通り預けた財布を置いて来たとの作り話です。これから皆んなで建前《たてまえ》に行かなきゃなんないから、行きがけに取りに行く、すまないが付いて来てくれと、若い衆を連れだしてやって来たのがおはぐろどぶでございます。

「もてたかどうかは小便すれば判るっていうじゃねえか、関東のつれ小便《しょん》だ、おうおう若い衆、何事も付き合いだ、お前も一緒にやんな」

一斉放水のさ中で若い衆の弱腰を後からどーんと突きましたからたまりません、まっ逆さまにどぶの中へおっこちました。

一人逃げ遅れて来た奴に何をしていたんだと聞きますと、

「いやあ、腰を押そうと思ったら、良い煙草入れを差していたから抜いてきた」

「上手《うわて》の奴がいるもんだ、今夜は品川にしよう」（突き落し）

北（吉原）も飽きたからたまには南（品川）にしよう。今日は割り前一円で俺が胴を取る（面倒を見る）と兄貴分の佐平次に従った四人組。品川の大見世に登楼《あがる》と芸者、幇間《たいこもち》を揚げて大騒ぎであります。

お引け（お床入り）前に佐平次の部屋に集合し割り前を払いますと、実は体調が悪く、医者から転地療養を勧められて選んだのがこの品川、しばらく養生を兼ねてこの品川に居残るからこの金はお袋に渡しておいてくれとの事であります。

余りの無茶苦茶に呆れる一同を尻目に、

「まあいいってことよ。こんなことはお手のもんだ」

と、佐平次へっちゃらであります。

翌朝は早立ちさせた仲間から残った佐平次一人、どうも酒が残ってるんで一本つけてくれ、

「朝直しは湯豆腐っていうが、何も湯豆腐にかぎったもんじゃねえ。魚留に言ってかき豆腐かなんか誂《あつら》えてくれ」

と、迎え酒を一杯やって朝寝を決め込みます。三時頃ようやく目覚めると一とっ風呂浴びて、

「どうもさっき飲んだ酒と昨日の酒が腹ん中で出会って盛り上がっちゃってんだ。こうなりゃ酒でしのがす苦の世界っていうから、あついとこ持って来てほしいね。昨日の酒はちょっと甘口だったから今度はも

こちらの絵は幇間《たいこもち》ですが、無銭が露見して行灯《あんどん》部屋に軟禁された佐平次が煙草を持って籠城している姿に似ています。

う少し辛口がいいねえ。荒井屋に言って鰻に玉子焼きかなんかを添えて、そうだ皆んなにも鰻茶《うなちゃ》でもおごろう、食うだろ」

と、言いたい放題、やりたい放題の好き勝手であります。その間何度かとりあえずの精算を促されますが、何だかんだと言ってはチョロまかしてしまい、しまいには、

「君ね、そう勘定、勘定って言うなよ。あんまり言われると僕は感情を害すよ」

と、尻《けつ》をまくる始末です。

その日は忙しさにかまけておりましたが、三日目ともなりますともう言い訳は通用しません。金がないことがばれ、店の者に取り囲まれても平然としております。

「まあ災難だと思ってあきらめなさい。では一つ行灯部屋に下がりましょうか、煙草とマッチはあるから当分籠城出来ますから」

ひどい奴がいたもんで、ひまにあかしての廊下とんびのすきに退屈している客の部屋に入って幇間まがいの酒の相手やら、筆が立ちますから遊女達の附け文の代筆やらで、御祝儀だけでも馬鹿にならなくなりました。客の方でも、あいつ話が面白いから、と呼んでくれと言い出す人も出てまいります。

「ちょっと居残《いの》どーん、十三番でお座敷ですよ」

「へーい、ありがとうさまで。いよっこんばんは、先日はどうも、旦那にくいよ、よいしょっ」

ここまでやられますと若い衆だって面白くありませんし、何たって貰う祝儀だって目に見えて減ってまいります。御主人と話し合って、ひとまず佐平次にお引き取り願おうということになりましたが、ここであっさり引き下がるほど佐平次、やわではございません。

実はこちらを出られない訳がありますと物語ります。

「親父は神田の白壁町でかなりの暮らしをしておりましたが、持って生まれた悪性で、がきの頃から手癖が悪く、抜け参りからぐれ出して、旅を稼ぎに西国《さいごく》を、廻って首尾も吉野山、碁打と言って寺々や、豪家に入り込み盗んだる、金が御嶽《みたけ》の罪科《つみとが》は、蹴抜《けぬ》けの塔の二重三重、重なる悪事に高飛びなし、人殺しこそせぬものを、夜盗《やとう》、掻《か》っ裂《つぁ》き、家尻切《かじりぎ》り、悪事の限りをつくした身でござんす。こちら様から表へ出て、もしも御用となった日にゃ三尺高い木の上で、首と胴との生き別れ、お慈悲でございますから、もうすこしの間おかくまいなすって下せいまし」

と、この白波五人男勢揃いの場の忠信利平の科白を使って人の良い御主人を脅す演出は大正時代の初代柳家小せんの創造だそうです。

そんな悪党には一刻も早く立ち去って欲しい御主人の足元を見た佐平次は、高飛び用の路銀、着物、帯、羽織、足袋、下駄、紙入れに半紙が二帖に手ぬぐい一本までせしめて、意気揚々と引き揚げて行きました。ちゃんと逃げられるかしばらく後をつけろと言いつかった若い衆に、

「おめえも女郎屋の若い衆でめしを食うつもりなら俺のつらを良く憶えておけ。吉原《なか》へ行こうが千住《こつ》に行こうが板橋だろうが、どこでも相手にしねえ居残りを商売にしている賊徒の張本佐平次たあ俺のこってい」

（居残り佐平次）

ところで、この三題の噺でどちらの御一行様も、登楼してひきつけ部屋で芸者、幇間を揚げての大宴会となります。

本当はこんな事が出来るのは、紀伊国屋文左衛門（紀文《きぶん》）か奈良屋茂左衛門（奈良茂《ならも》）クラスとはいわ

ないまでも、豪商かその若旦那、武家でいえば御大名かその留守居役クラスでありました。だからこそ、どうせ払う気のない大宴会であったのでしょうか。

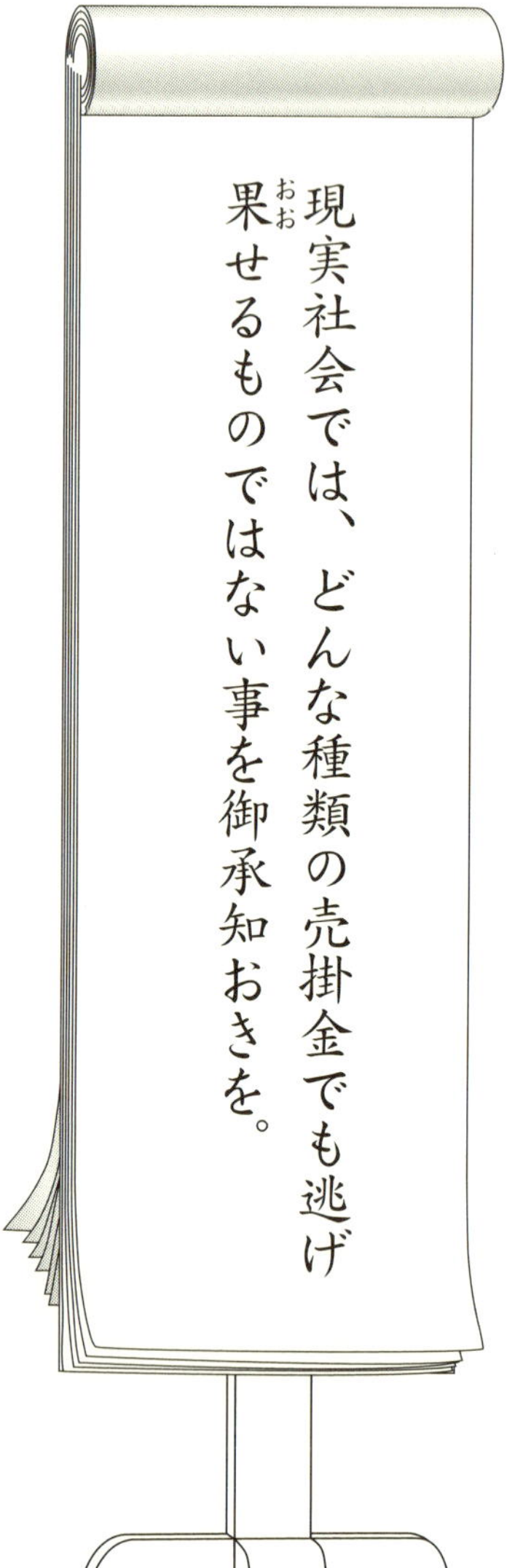
現実社会では、どんな種類の売掛金でも逃げ果《おお》せるものではない事を御承知おきを。

三十　文違《ふみちが》い

騙《だま》し、騙《だま》され男と女

江戸幕府官許の遊廓は吉原だけでありましたが、いわゆる四宿《ししゅく》、東海道の品川、奥州日光街道の千住、中山道の板橋、甲州街道の新宿の四宿場は助成の意味もあって、準公認の遊所でありました。一応は四宿の方は飯盛女《めしもりおんな》と呼び吉原と区別しておりましたが、やっている事は一緒でありました。

この噺の舞台は新宿ですが、新宿の名の通り新たに開かれた宿場でした。当初甲州街道の最初の宿場の下高井戸宿までは日本橋から四里ありまして他の街道に比べてチト遠かった訳です。そこで元禄十一年浅草阿部川町名主喜兵衛ら五人の開発の願いによって許可された宿場です。しかし風俗統制のため一時廃宿となったこともありましたから、その何ですな、当時の宿場の性格が推し測られます様です。

ちなみにこの四宿の雰囲気を良く表す小噺で「四宿の屁」というのを御紹介しますと、それぞれの宿場女郎が客の前でした屁をどうごまかすかの噺であります。

品川では布団の裾を足で持ち上げて、「あら帆かけ船が行く」。新宿では「あら地震かしら」と言うと客が「地震だって、屁の前か後か」、千住ではそばにいた若い衆が自分の所為《せい》にしたのを客が感心して祝儀を出したら女郎が「今のはわたしの働きだ」。

板橋ではお客が文句を言うと「何言ってやんでい、手前か方々でどこそこの女郎は客の前で屁をしたなんて言いふらして歩いてんのは」と胸ぐらをつかむ。「しゃべらねえからかんべんしてくれ」と客が言うと、「きっとしゃべらねえな、それじゃもう一つ」とさらに大きくブウッ。

遊女が真底惚れた男を間夫《まぶ》と呼びました。年季が明けたら所帯の一つでも持とうか、という間柄ですから顔を見せに来て散財するよりは、その日のために地道に貯えの一つも作っておいてくれた方が余っ程嬉しいといった仲であります。しかし遊女のテクニックとして客に自分こそ間夫《まぶ》だと思い込ませ、入れ揚げさせる事、これは今も昔もよくある話ではあります。

新宿の遊女おすみに呼びだされた日向屋の半七、おすみの義理の父との手切金に二十両要求されて困っているとの相談でありました。

「お前さんと夫婦になってからもあの親父にゆすられたくないし、あとになって何故俺のところに言ってよこさねえと言われても、と思って手紙を出したんだよ」

半七十両は出来たがそれ以上は、と渋っておりますと角蔵という在方《ざいかた》の客が、やはりおすみからの手紙でやってまいりました。こちらはおすみの母親の病の薬代が二十両かかるというふれ込みであります。

「そんだらまあ十五両ならあるが、これは馬の残金でこれをおめえにやっちまったら馬引いて帰《けえ》れねえ」

「馬とあたしのお母さんとくらべて馬引いて帰る方を選ぶんだね。そんな薄情な人ならば、年《ね》季《ん》が明けたら夫婦になって肥担桶《こえたご》の底を洗い合おうというあの約束は反古にしてもらうからね」

そう凄まれた角蔵、惚れた弱みで十五両をおすみに与えます。これに半七から不足の五両と、

「おやじに何か旨いもんでも食わせてやれ」と二両付けてもらったおすみ、いそいそと別の部屋に入って

行きますと、ここに待っていたのが苦味走った良い男の芳次郎であります。おやすみは以前から眼病の治療代に二十両かかる、これがないと失明してしまうと脅されていたのでした。久し振りに間夫に会って喜ぶおすみ、今日は泊っていってくれるのだろうね、と言ったら芳次郎、手のひら返しの開き直り、

「そのお金、せっかくだけどお返し申しやしょう。だってそうだろう、俺が泊っていくと言っても早く医者に行ってくれっていうのがあたりめえじゃねえか。もう目なんぞどうなったってかまうこたあねえ、銭なんか要らねえ」

「かんにんしておくれ、あたしが悪かった、直ぐに医者に行っておくれ。芳さん、あたしゃ心配でしょうがないんだから、手紙でも何でも良いから直ぐに知らしとくれよ」

おすみに後姿を見送られながら、そうとは気付かず芳次郎、待たせておいた駕籠に乗ってさっさと帰って行ってしまいます。一人残ったおすみ、ふと目をやりますと芳次郎が落していった手紙がありました。

「小筆より。先夜はゆるゆるとお目もじ、やまやまうれしく存じまいらせ候。兄の欲心より妾に行けと申され、嫌なら五十両よこせとの難題にて不足の二十両、おすみとやらを眼病といつわりこしらえ候とのこと、それよりそのおすみなる醜女《しこめ》と義理ずくとならんかと、それのみ心がかり候。まずはあらあらめでたく、かしこ」

一方、義理の親父に金を渡してくると部屋を出たおすみを一人待つ半ちゃん、所在なげに部屋を見渡しておりますと、たばこ箱からはみ出した手紙が目に留りました。

「おすみさまへ、芳じるしより……。この半ちゃんを知らねえで、こんなまぬけがいるからこの里《さと》は成り立つんだ。どれ何だって、この程眼病にてうち伏し申し候。二十両の薬代工面出来ぬば目もつぶれ申し候

えども、知ってのとおりの不仕合せ、金子《きんす》才覚出来申さじところ、日向屋の半七をだましおこしらえくだされ候よし……あれっ、畜生め」

と、そこに間夫だと思っていた芳次郎にだまされた事を知ってやけくそになっているおすみが帰って来まして、間夫だと思っていた半七とやけくそ同士の取っ組み合いです。

「殺すと、どうとも勝手におし」

「おうさ、殺さなくってどうするもんか」

「若い衆、向こうでおすみが叩かれて泣いている。あれはさあ、この角蔵がおすみの母様《かかさま》の病いのための金だと言ってやれ、いや、でもそう言ったら、おらが間夫だっちゅうことがあらわれやしねぇか」

手練手管の遊女のおすみも惚れた男にはだまされてしまう、というちょっと可愛いい、ちょっぴり哀しい噺であります。

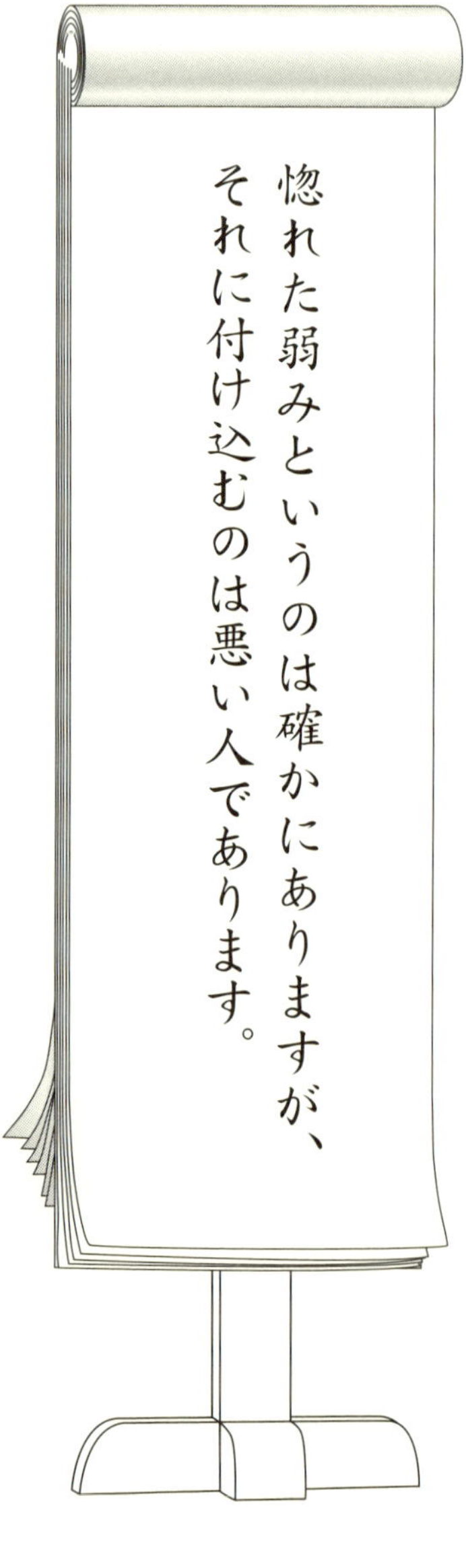
惚れた弱みというのは確かにありますが、
それに付け込むのは悪い人であります。

第三節　冠婚葬祭《かんこんそうさい》——これに駆け付け、三杯飲める

三十一　子《こ》ほめ、牛《うし》ほめ

誉め方次第で一杯飲める

祝う、誉める、世辞を言う、持ち上げる、何にしろこれが存外むずかしいものであります。余りに見え透いた事を言いますとかえって嫌味でありますし、傍で見ていましても歯ばかり浮いてしまいます。しかし困ったことに、どんなに見え透いた世辞でありましても、やはり言われた方は嬉しいものでありますから、損得を問えばこれは言った方が良い、ということになります。これは人類発生以来、万古不易の真理でありまして、組織に対し悪をなさない限りへつらう人間の方がそうでない人よりも優秀に見えてしまいます。このへつらいのふるいを何代か繰り返しますと、その組織は自ずから落ち着くところに落ち行く訳です。でありますから組織の自浄作用などというものは存在せず、その証拠に滅びなかった文明も存在していないのです。この盛者必衰の原理があればこそ現在の我々はエジプトの奴隷ではない訳ですから、あながち悪い事ばかりではありません。

何にしろ、弱い立場の人間としては言わなければならない世辞、追従があるのならば、出来るだけスマートにと思いますのは、気取屋《きどりや》気障兵衛《きざべい》さんの最後の矜持《きょうじ》、とまでは言い過ぎでしょうか。その一つのテクニックとして間接話法で誉める、というのがあります。「御結婚おめでとう」ではなく、「こんなお嫁さんが見られたら、亡きお父さんはどれだけ喜んだことだろう」とか、「この就職で故郷の御両親も安心しただろう」など第三者の喜びをもって祝辞となす方法であります。さらにこのバリエーションの一つとして、わざと間違えても、その結果相手を喜ばせるテクニックもあります。「昭和十年前後のお生まれですか、えっ大正の生まれ、見えません」などですが、新生児のお祝いにも有効に使えます。「女の子ですか」、判らない時は必ずこう言うべきなのです。男を女、女を女と言った時と万が一女を男と言ってしまった時の赤ん坊の親の気持ちを想像すれば、事の理非が御理解戴けるものと思います。

しかしホメ殺しなども存在しますし、単なるリップサービスで心の中は全く別、というケースもあり、その辺の見極めが大変困難なものとなっておりますので充分なる御用心を。

ご隠居を訪ねた熊さん、只で一杯飲む策を授かります。世辞の一つも言えば相手は気分が良くなって一杯飲ませてくれる、たとえば、

「久し振りに会った人には、貴方様のように一所懸命になっておればお店の大繁盛間違いなし。まことにおめでとうございます。それで駄目なら歳を聞いて四十五だと言えば、それはお若いどう見ても厄そこそこでございますとね。五十と言えば四十五、六、六十と言えば五十五、六とこんな具合だ」そこまで聞いた熊さん、先日八つぁんのところで赤ん坊が生まれて、祝いだけ取られたので、何とかお返しの一杯を飲みに行きたいが、そんな時の口の利き方が判りません。

「そういう時は、たいそう良いお子さんでおじいさん似の長命の相がおありです。梅檀《せんだん》は双葉《ふたば》より香《かん》ばしく、蛇は寸にして人を呑む、どうかこういうお子さんにあやかりたい」と知恵をつけられました。

八つぁんの家にやって来ました熊さんですが、「せんだんは、棺桶よもまだ高え、蛇は寸にしてめめずを呑む、どうかこういうお子さんに蚊帳《かや》つりてえ、蚊帳つりてえ」訳の判らない事をさんざん言った挙句、

出産の図。江戸時代のお産は椅子に腰かける様にして行なわれたそうです。今以上にお産は命懸けの大事業でありました。（『心学早染艸』）

奥の手です。

「ところでこのお子さんおいくつで」

「赤ん坊の齢《とし》なんて決まってる、今日は七夜《しちや》だよ」

「ああ、初七日《しょなのか》か、だったら一つだな。そりゃずい分若い。どうみてもただだ」（子ほめ）

　こちらは与太郎です。伯父さんが家を新築したのでそのお祝いのおつかいを言いつかります。家の誉め言葉と牛も買ったそうだからついでに牛の誉め言葉も仕込まれます。

「ご普請が立派にお出来になっておめでとうございます。この木口《きぐち》の高いところ、工手間《くでま》の高いところよくゆき届いております。家《うち》は総体檜《ひのき》造り、畳は備後《びんご》の五分縁《ごぶべり》で、左右の壁は砂摺りでございますな。天井《てんじょう》は薩摩の鶉杢《うづらもく》でございますな。結構なお庭は総体御影《みかげ》づくりでございますな」ひと通りおさらいをした与太郎に親父がさらに知恵をつけます。

「台所の大黒柱の節穴をたいそう気にしているそうだから、台所だけに穴の上に秋葉さま（火難除けの秋葉神社）のお札をはってごらんなさい。穴もかくれるし、火の用心にもなりましょう」

　買った牛を見せるかも知れないからと、牛の誉め方も教えます。

「牛というものは、天角《てんかく》、地眼《ちがん》、一黒《いっこく》、鹿頭《ろくとう》、耳小《にしょう》、歯合《しごう》といって、角は天に向かい、眼は地をにらみ、毛は黒く、頭は鹿に似て、耳は小さく、歯の合っているのが良いんだ」

どうにも心もとないので科白《せりふ》を書いて持たされた与太郎、佐兵衛伯父さん家へやってまいりました。

「この木口の高いと、工手間の高いところ感心だ。家は総体へノコ造り、畳は貧乏で、佐兵衛のかかあはひきづりだ。天井は薩摩芋とうづら豆」

良かったのは最初だけでしたが、それでも台所に辿り着きました。例の節穴を見つけ、

「台所の柱です、秋葉様のお札をはってごらんなさい、穴もかくれるし、火の用心にもなる」

今度は牛の方に行きますと、伯父さん糞の始末に困っているとこぼします。

「伯父さん、糞のことで気をもむことはないよ。尻の穴に秋葉様のお札をおはんなさい。穴がかくれて、屁の用心にもならあ」（牛ほめ）

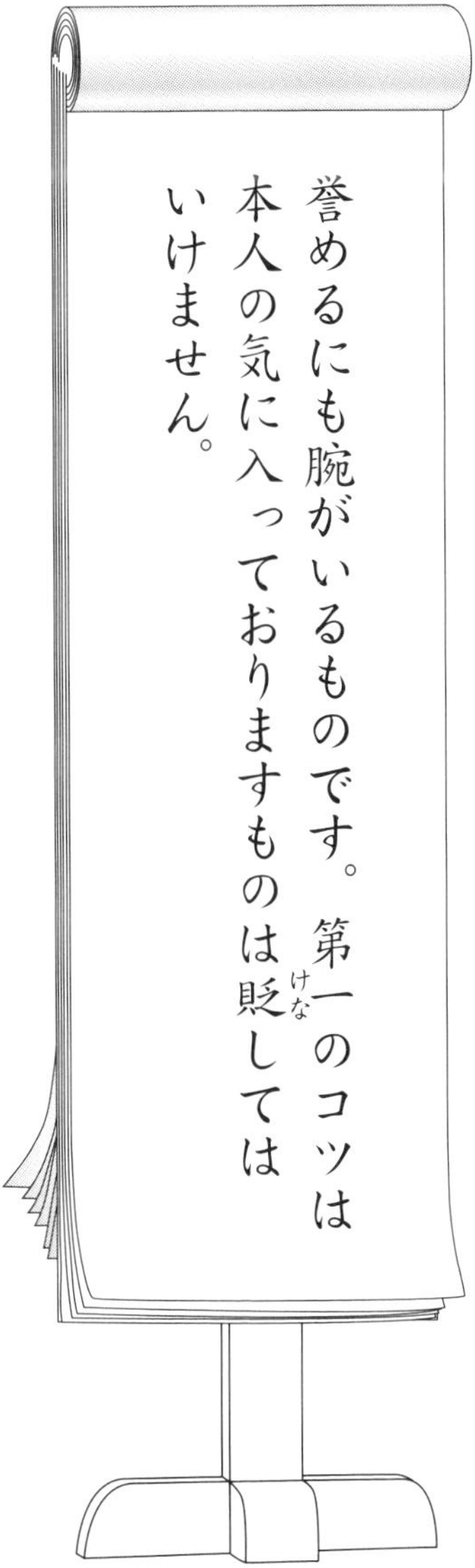
誉めるにも腕がいるものです。第一のコツは本人の気に入っておりますものは貶《けな》してはいけません。

三十二　鮑熨斗《あわびのし》
片貝だからってめでたいもんなんだ

鮑熨斗、または熨斗鮑《のしあわび》、単に略して熨斗《のし》ともいいます。現在は贈り物の添え物でありますが、古来は慶事の贈り物とされました。鮑の肉を薄く長くはぎ、引き伸ばして乾燥させたものです。香りも良く保存にも適しているため江戸時代以降吉事の贈物とされましたが、非常に高価であるため次第に簡略化されてきました。ついに現在は熨斗鮑の細片とか、それを模した黄色の紙を方形の色紙に包んだ包み熨斗が一般に用いられております。熨斗するめを用いる場合もありますが、これは貴重な鮑の代用品であります。

そういえば中華料理の材料の乾鮑《ほしあわび》も大変高価でありますが、中国本土で使用されているものは、鱶《ふか》の鰭《ひれ》同様、ほとんどが日本産だそうです。確かに江戸時代も、この二品目は貴重な輸出品であったそうです。

人の良いといいますか、日陰のもやしみたいにぼうっと育ってしまった甚兵衛さん、こういった人のおかみさんはしっかりした人が多い様ですが、やはりそのおみつさんは長屋でも評判のしっかり者であります。腹が減って仕事にならないと早帰りをしてきた甚兵衛さんですが、そう言われましても炊く米がない。買いに行くにもおあしもないの、ないないづくしであります。

そこで一計を案じたおみつさん、亭主の甚兵衛に裏の留さんのところに二分借りに行かせます。甚兵衛さんの借金の申し入れにはにべもない返事の留さんも、おみつさんからの申し入れと聞き、一も二もなく貸してくれ、挙句には二分で足りるのか、一両でも二両でも要るだけ持ってけとまで言う始末でありました。おみつさんが甚兵衛さんに打ち明けた計略は、その二分で尾頭付きを買い、最近嫁取りをした大家さんのところにお祝いとして届ける、すると大家さんは一両のお祝儀をくれるだろう、そこから二分を留さんに返し残った二分で米を買って帰ってこい、というものでありました。さっそく魚屋に行きましたが、尾頭付きは鯛しか残ってなく、上物だから五両だと言われます。

「どんなもんかは知らねえが、元々はただ泳いでたんじゃねえか。それともあの海はお前のもんか、手前の名前で登記でもしてあんのか。五両は高い二分にしろ」

そう言われましてもいくら何でも五両が二分にはなりません。一個一分の鮑を、終《しま》いだから三個二分にしてやると言われ、仕方なしに鮑を買って帰る甚兵衛さんでありました。

尾頭付きでない鮑を見たおみつさん、それでも仕方ないと挨拶の科白を甚兵衛さんに仕込みます。

「今日《こんにち》は結構なお天気でございます。うけたまわすれば、お宅様の若旦那様にお嫁御様《よめごさま》がおいでになるそうで、おめでとうございます、いずれ長屋からつなぎがまいりますが、これはつなぎの外でございます」

そう言って甚兵衛さん個人からの贈り物である事を強調すれば、大家さんなる者、人の目上に立つ人だ間違いなく一両の、運が良ければ二両、三両の祝儀をくれる筈だから行ってこいと、家を出されます。空腹でふらふらになりながら甚兵衛さん、何とか大家さんに鮑を差し出しましたが、「これはお前さんが魚屋から直接やって来たのかい、それともおみつさんも知ってのことかい」と聞かれ、もちろんおみつも承知の事と返答致しますと、それなら受け取れない。嫁取りの贈物に磯の鮑の片思い、その片貝をよこすとは、物の判ったおみつさんとも思えない、と鮑を突き返されてしまいました。

鮑を抱えすごすご帰るその道すがら、鳶の頭に出会い、その一部始終を物語りましたところ、

「大家野郎に言ってやれ。手前《てめえ》は祝いの熨斗をはがして返すか。熨斗の根本を知ってるか。海女が真黒になって取った鮑を薄くむいて、むしろの上にならべ、後家でいけない、やもめでもいけない、仲の良い夫婦が一と晩その上で寝てめでたい熨斗になるんだ、その熨斗の根本をつき返すとは何事だって言って尻まくってやれ」

「尻はまくれねえ。ふんどししてねぇんだ」

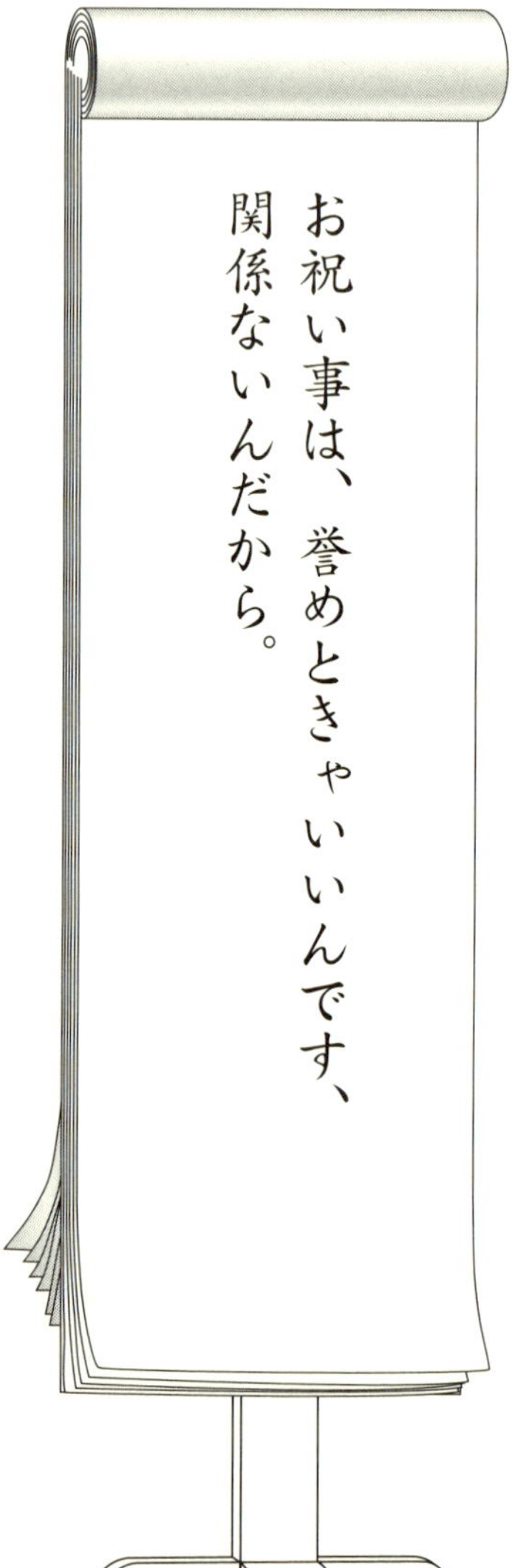
お祝い事は、誉めときゃいいんです、
関係ないんだから。

三十二　子別《こわか》れの枕《まくら》（円生）、佃祭《つくだまつり》

知っておきたい弔いの作法とタブーの因縁

葬儀、弔《とむら》いといいますと今日では大分簡略化されておりますが、それでも通夜、告別式と二日に渡って執り行なわれるのが通例の様であります。

都市部では住宅事情もあるのでしょうが、自宅にて葬儀がなされるケースは減少し、葬祭場、寺院などで済まされる場合が増えている様です。

それでもかつての葬儀における習慣から、現在の我々の行動の禁忌、タブーとなっているものが多々ございます。

昔は完徹の通夜の翌日、一と眠りして午後二時か三時頃にお寺に葬列を組んで出掛けました。その際に出棺前に会葬者に一杯飯を供しましたが、これが出立《でだ》ちの飯、または出立ちの膳、出場《でば》の飯、くいわかれ、などといいました。

これに豆腐のおつゆをかけて、一本箸で掻き込み、しかも立食いをしたそうです。

ここから、一杯飯は食うものではない、一本箸は使ってはいけない。つゆかけ飯は食うものではない、立食いはするものではない、などのタブーが発生した様であります。

さらに出棺は座敷にて輿《こし》に乗せて、四人ないし六人で担ぎ出しましたが、その際履物は座敷ではいて、そのまま外に出たものだそうです。そりゃそうで、重いものを担ぎながら玄関先ではいたり脱いだりは出来ません。

ここからも座敷で履物をはいてそのまま外に出てはいけません、というタブーが出来たそうです。

そしてお寺まで一時間から遠い所では二時間程かけて葬列で進み、親戚は本堂に入り、その他の会葬者は他の部屋へ、もし足りない場合は近所のお寺などに分散して葬儀に参列という形をとった様であります。会葬者への土産物として、隅切《すみき》り六寸の折りに、ようかん一本、今坂餅《いまさかもち》、打ち物（定紋入りの乾菓子）の三種類のお菓子を入れたものを配ったそうです。これも後世には現物ではなく、著名な菓子店共用の菓子切手となりました。

大旨、葬儀の参列も引導までで、荼毘《だび》に付すまでは近親者のみでもあった様ですが、それでも出棺から葬送、葬儀、とかなりの時間を要し、間違いなく半日仕事でありました。

派手目にやる場合は別会場にて精進落とし、これは今も同じです。通常は強飯《こわめし》と簡単にがんもどきと野菜の煮たのかなんかが付いた折りが出されたそうです。

もちろん、強飯《こわめし》といっても赤飯ではありません、小豆の代わりに黒豆を使った黒飯《こくはん》が付けられましたが、これも現在法事の仕出しなんかを誂えますと、やはり黒飯が添えられます。「子別れ」の中の科白でその折りを見て、「おう弁松か、奢《おご》ったな」とありますが、その弁松は創業嘉永三年（一八五〇年）で東京都中央区日本橋本町二丁目にて現在も営業しております。

さて「子別れ」では世話になった大旦那の葬儀を手伝った大工の熊さん、振舞い酒にすっかり酔払い、吉原《なか》へ繰り込む訳ですが、これは当時は良くあった事の様で、古川柳にも残っております。

「けちな奴、哀れな酒に、食らい酔い」

「引導が済むと魔道《まどう》へ引き込まれ」

「焼香の順にと洒落る、大一座」

などからそんな状況が知れます。

葬儀に参列となりますと、欠かせないのがお悔《く》やみであります。

「佃祭」では佃島で水難に遭い死んだと思い込まれた治郎兵衛さんの陰通夜の様子が描かれております。

長屋の月番が与太郎に知恵をつけて言います。

「悔やみなんてものは、戦《いくさ》で名乗りを上げるんじゃねえんだから、大音声を張り揚げるもんじゃねえ。本日は……もごもご。大変……もごもご、さぞかし……もごもご。どうぞ……もごもご。こんなところで充分なんだ」

しかし誰しもいざ本番となりますと、カァーとなって訳が判らなくなってしまいます。

「さぞかしお力落としでございましょう。治郎兵衛さんみたいな、大人しくって、大酒もあんまり飲まなくって、人の良い、まるで仏様みたいな人が仏様になっちゃって。昨日お湯屋であって祭見物に誘われたんですが、行かなくって良かった、今はほっとしてるんです」

「今、嬶《かかあ》に聞いて、びっくりして飛んで来たんですよ。何んで死んだんだって聞いても判らねえって言うから、何か悪いもんでも食ったんじゃねえかって言ったら、犬や猫じゃあるまいしそんな事はねえだろうって言いやがるから、せんだって親方の弔いに出された弁当、この温気《うんき》の時に陽ざかり放ったらかしにしておいたやつを配ったもんだから、捨てりゃ良いのに意地汚くそれを食ったじじいが一人死んだんですよ」

もう悔やみだか世間話だか判らなくなりました。

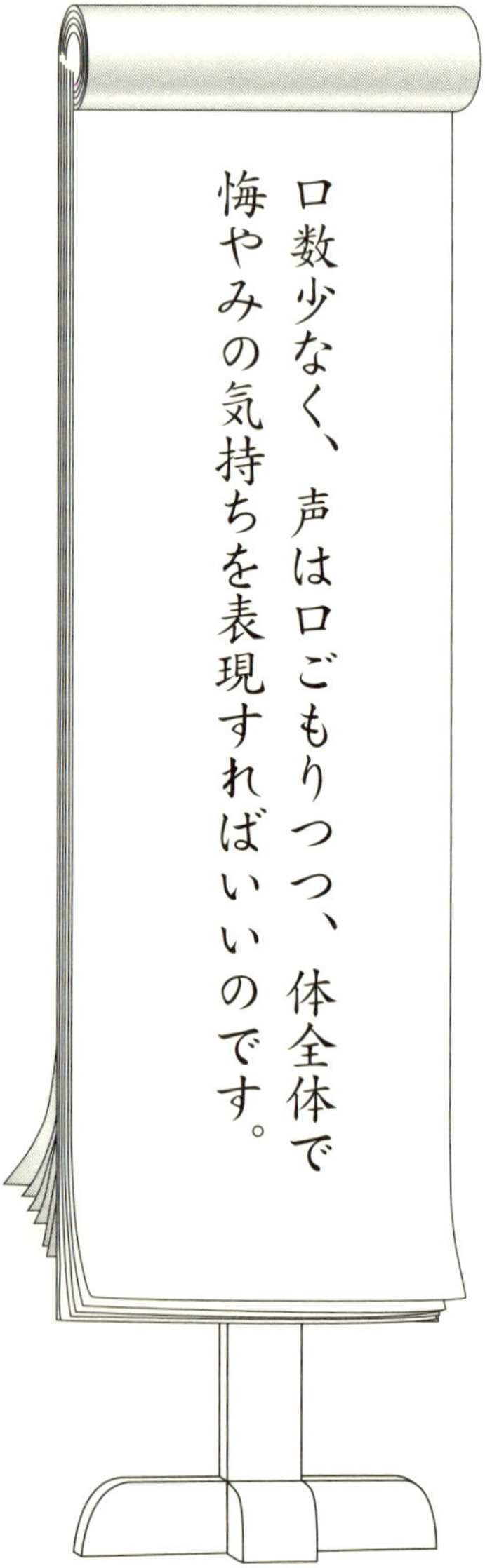
口数少なく、声は口ごもりつつ、体全体で
悔やみの気持ちを表現すればいいのです。

三十四　黄金餅《こがねもち》、らくだ

弔いというより単なる死体処理

仏教伝来後の日本では火葬と土葬が混在しましたが、都市部では火葬が主体であったようです。江戸の頃は明暦の大火（一六五七年）以前は各寺院に付属する火屋《ひや》にて火葬しましたが、大火後は専用の施設が整備されました。

これが江戸五三昧《さんまい》であり、小塚原、千駄木、桐ヶ谷、渋谷、高田落合または炮録《ほうろく》新田などです。これらの火葬場は寺院の系列によって構成され、死者の菩提寺から火葬の切手を発行してもらい、それを火葬場に持参して荼毘《だび》に付しました。今でいう埋葬許可証みたいなものであります。

ちなみに庶民が個人用墳墓《ふんぼ》を建立する様になりましたのは日清戦争以降だそうで、それ以前は天皇御陵、将軍家墓所、大名家墓所ぐらいで、その他の一般人は単に土中に埋め土まんじゅうとなし、年月を経てその土まんじゅうが陥落し平地に戻り、それっきりであったと、永六輔さんが解説なさっております。

下谷山崎町の西念《さいねん》という願人《がんにん》坊主（乞食坊主）、ケチで小金を貯め込んでおります。この西念、「藁人形」という噺で千住の女郎お熊に金を騙し取られた西念と同一人物と思われますが確証はございません。

この西念さん体を悪くして寝込んでいるところ、見舞いに来た長屋の隣人の金兵衛さんにあんころ餅を買ってもらいます。人払いをして一人になった西念、貯め込んだ二分金、一分銀をあんころ餅と一緒に飲み込んでしまいましたが、とうとう喉を詰らせて、こと切れてしまいました。

一部始終を見ていた金兵衛が何とかこの金を手に入れようと思案致します。大家さんに相談に行き、西念いまわのきわに金兵衛さんの寺で弔ってくれと言い残したと言い、通夜だ葬式だというと長屋の連中仕事を休まなければならない、そうなると釜の蓋が開かない者も出て来るから、これから麻布の寺まで行って弔いを済ませようと相談をまとめ、長屋連中の葬列が出発致しました。この下谷山崎町から麻布絶口釜無村の木蓮寺までの、上野、神田、日本橋、芝を通っての道筋の「道中付け」は拙著『落語で辿る江戸東京』を御参照下さい。

早桶も買えない貧乏弔いですからお棺代わりは菜漬けの四斗樽なのは「らくだ」と同じであります。べろべろに酔っぱらっている木蓮寺の和尚と天保銭六枚（六百文）にて話をつけ引導を渡して貰い、焼場の切手を発行させせました。

参列した長屋の連中には、「本当なら……ここで茶の一杯も出さなきゃいけないんだがそれも出来ねぇ。新橋の夜明しにでも寄って好きなもん食ったり飲んだり自分の銭でやって帰ってくれ」と追い返し、四斗樽を一人でかついで桐ヶ谷の火葬場にて荼毘に付しました。

「仏の最後の願いで、腹のところは生焼けにしてくれと、固く頼まれた」

そう念を押して翌朝、骨揚げのふりをして灰の中から銭を拾い集め、その金を元手に目黒で餅屋を開き、大そう繁盛したそうであります、という一席ですが、葬儀の手順は大体こんなものであったのでしょう。（黄金餅）

季節外れのふぐを自分で料理して、当って死んでしまった「らくだ」とあだ名される長屋中の嫌われ者がおりました。たまたま訪ねて来た「らくだ」の兄貴分、通りがかったくず屋さんをつかまえて葬儀を執り行なうと言い出します。

「月番のとこ行って香典を集めるように、大家んとこ行って今夜弔いですから良い酒を三升ばかり、はんぺん、大根、人参、蓮かなんかを季節柄塩をちょっと辛目に大皿一杯、腹の減った人もいるだろうから飯を大釜に二つ程届ける様に言ってこい」

これらの品々の提供の担保としては、

「死骸のやり場に困っております。らくだにかんかんのう踊らせて御覧にいれます」

とのことでありました。まさかと思った大家さん、一旦は断りますが、本当にらくだの死骸が暴れ込んで来ましたので驚いた。酒、煮しめ、御飯が直ぐに届きました。早桶代わりは菜漬けの四斗樽、これは八百屋からの調達となりましたが、言いつかったくず屋さん、

「四の五の言ったら、かんかんのうですね」

と、こちらも大分手慣れてまいりました。

届いた酒で一杯、二杯とやるうちに、酒癖が悪かったのは、くず屋さんでありました。仏にするには坊主頭にしなければならぬ、かみそりを借りるのも面倒と手で引き毟《むし》り、図体のでかい「らくだ」を無理矢理四斗樽に押し込んで、兄貴分の先棒で葬列となりました。菩提寺もあるのかないのかも判らない、落合の火屋の下働きに知り合いがいるから、そこならもぐりで焼いてくれる筈とて出発しました。

三升の酒でも足らず香典で買い足した酒まで飲んでべろんべろんの二人であります。途中神田川を渡ったところでころんでしまい、落合の火屋に着いたら樽はもぬけの空でありました。確かこの辺と、とって

返しそれらしい坊主頭を樽に詰め込み、火を掛けましたが、中から別人の願人坊主が飛びだして来ました。

「アッチ、チ、ここはどこだ」

「日本一の火屋《ひや》」

「えっそうか。冷酒《ひや》で良いからもう一杯」（らくだ）

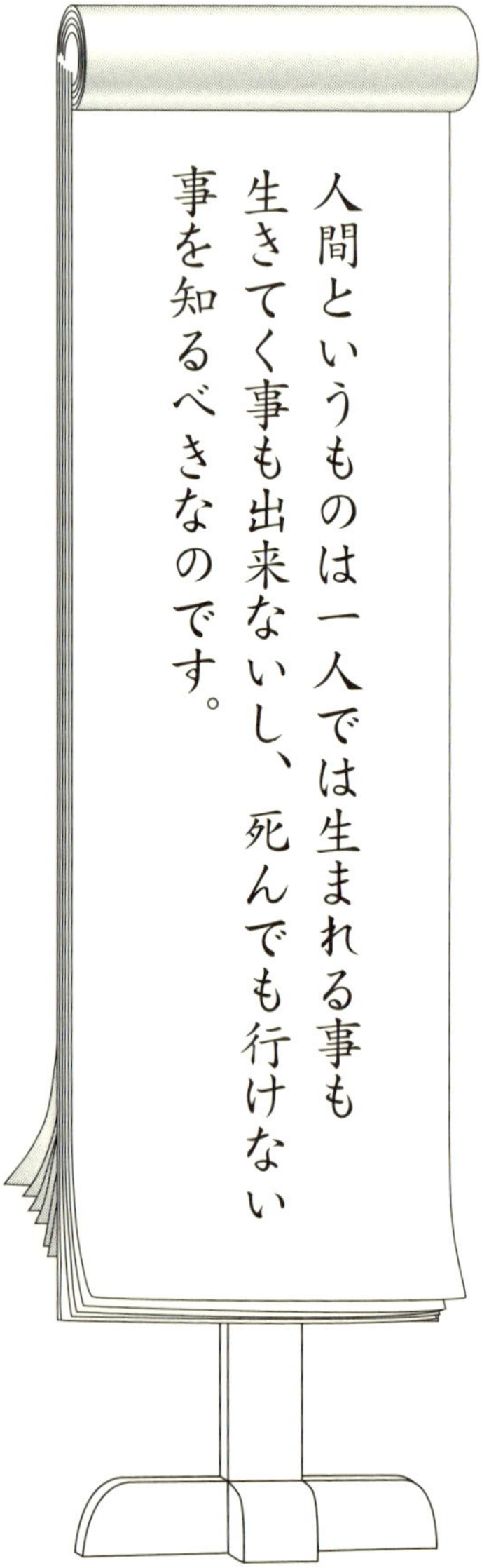

人間というものは一人では生まれる事も
生きてく事も出来ないし、死んでも行けない
事を知るべきなのです。

第四節　出処進退《しゅっしょしんたい》

——男と女の意地と張り

三十五　高尾太夫《たかおだゆう》

遊女といえども矜持《きょうじ》あり

吉原の初期の段階では遊女の格付けは四階級に分かれていたそうです。上から順に、太夫《たゆう》、格子、局《つぼね》、端《はし》の四つでしたが、その後端《はし》の下に散茶《さんちゃ》、梅茶《うめちゃ》が設けられました。その後吉原の格式もどんどん消滅し、太夫、格子がなくなり、散茶が呼び出し、昼三《ちゅうさん》、付廻《つけまわ》しと細分化され、その後も変化していったものの様です。これも格式ばらない岡場所、四宿の台頭との競合上の必要からで、何やら昨今の低価格ブームとその根を一つにしている様に感じられます。

『吉原細見』というガイドブックによれば、花魁が三階級で、最上級が新造《しんぞう》付き呼出し（お伴が付いて必ず引手茶屋を通したとの意味）で揚代一両一分、次が昼三で、これは昼間の揚代が三分、三番目の座敷持ちで自分用と客用の部屋を与えられて、揚代は二分でありました。さらに下がって新造は部屋は与えられますがまだ若手で、それ程馴染み客もいない事もあって揚代一分であった様です。

これらの遊女はやや高級な妓楼のそれでありまして、江戸町一丁目、二丁目、通称江戸一、江戸二、京町一丁目、京町二丁目、同じく京一、京二、揚屋町、角町などのメインストリートに所在する店でありました。「替り目」なんかに出て来る、おはぐろどぶに面した通称羅生門河岸の河岸見世（小格子）局《つぼね》見世（長屋）などに行きますと、ぐっとくだけてまいりまして、河岸女郎揚代二朱（五、六百文）切《きり》女郎（時間《きり》遊び）はその半額、さらにショートタイムで鉄砲女郎は百文（天保銭一枚）であったそうです。

そんなところからも判る様に、店（見世）に入る前にその格式で大体の料金が知れる仕組みとなっていた様です。妓楼入口の横の桟《さん》の形態によって、つまりは遊女達が顔見世をしている部屋の格子戸の形態によって一目瞭然と知れる様になっておりました。

最大級妓楼が大籬《おおまがき》で揚代二分（一両の半分）以上の高級遊女しかいない高級見世で、半籬《はんまがき》となりますと、揚代二分以上と二朱まで取り揃えている中級見世で、小格子となりますと揚代一分以下の遊女しかいない、いたって気楽な見世ということでありました。

本項の高尾太夫でありますが、これは固有名詞、特定の個人を指すものではありません。吉原妓楼のビッグネーム三浦屋の抱え第一位の遊女の名跡《みょうせき》、源氏名でありました。噺家、役者なんかでいえば何代目何の某《なにがし》、といった感じでありましょうか。

この噺以外で有名なのは姫路藩王榊原政岑《さかきばらまさみね》に身請けされた榊原高尾です。

この殿様はその不行跡を咎《とが》められ越後高田に左遷され、この高尾太夫は尼となったといわれますが、身請け代千八百両であったとか。紺屋高尾のモデルが駄染《だぞめ》高尾で、大伝馬町の藍問屋九郎兵衛（久蔵とも）に身請けされ、仲良く藍染めにいそしんだことになっております。

さらに変わったところで、子持ち高尾なる太夫もいた様です。そんなこんなで高尾太夫は歴史上十一名存在するとの研究もあるそうですが、誰が何の為にそんな事を調査したのかは、不明であります。

さて、伊達高尾と呼ばれた高尾太夫でありますが、当時は花魁も太夫との格式にもなれば大名道具と呼ばれとても庶民には程遠い存在であった様です。単に美貌だけでなく、その教養においても生半可な町娘はもちろん、武家娘、お姫様も足元に及ばなかったそうであります。

「夕日も波の上に御通わせ、御館《おやかた》の首尾いかがおわしますやと御見ののち、忘れぬばこそ思いいださず候かしく」

と文を伊達綱宗《つなむね》公に送り、その末尾に、

「君はいま駒形あたりほととぎす」

の名句を添えた教養の高さであります。

これですっかり舞い上がってしまった伊達綱宗公、高尾太夫を大金を払って身請けをしましたが、

「わちきには、因州鳥取の浪人で二世を交した夫、島田重三郎がおります。どうぞおあきらめを……」

とのつれない返事、何をしても、かにをしても全く心を開いてくれません。せめて他の何かだけでも開いてくれればまだしも、もちろんそれすら気配もありません。

「それじゃお二人お幸せにおなんなせい」

と言う程には殿様心が広くはなかった様で、とうとう隅田川は日本橋中洲の周り三俣川の屋形船の上で高尾を鮟鱇《あんこう》のつるし切りにしてしまいました。

幕府もこの醜態を見逃す訳にもいかず、伊達綱宗公に隠居を命じ二歳の亀千代（綱村）に家督を継がせましたが、これがその後見人伊達宗勝、原田甲斐VS伊達安芸の暗闘で有名な、いわゆる伊達騒動のきっかけで、と講釈師、見て来た様な嘘を言い、である様でござます。

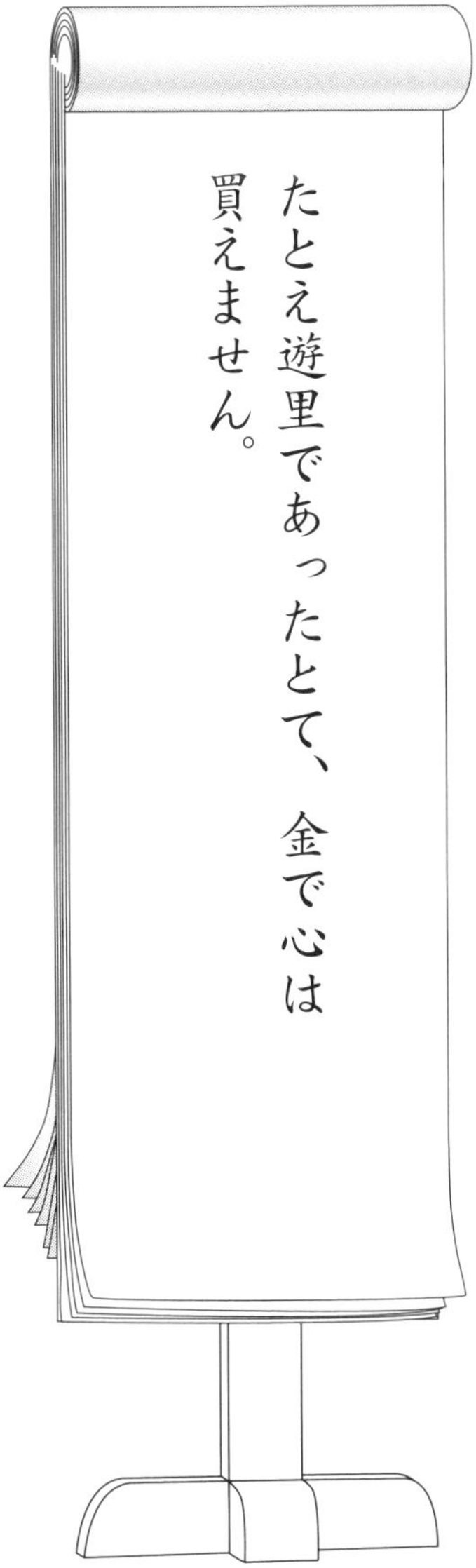
たとえ遊里であったとて、金で心は
買えません。

三十六　幾代餅《いくよもち》の由来《ゆらい》、紺屋高尾《こんやたかお》

そこまで思ってくんなんすなら

日本橋馬喰町、搗米屋《つきこめや》といいますから今でいう精米業、当時のことですから体力は必要ですが作業自体は単純な肉体労働です。気力、根気が何より必要であり、生真面目な人でなければとても勤まる仕事ではありません。

その搗米屋で幼い頃から奉公して来た清蔵、ある日、風邪で寝込みましてから中々快復致しません。心配したお上さんが様子を聞いてみますと寝込んだ本当の訳は恋わずらいでありました。

人形町にお使いに行った帰り、具足屋という絵草紙屋に大変な人だかり、つられて覗いて見ますと、当代全盛の花魁、すがた海老屋の幾代太夫の錦絵でありました。これを見た清蔵、この世のものとは思えない美しさに目が眩み、その後どうやって帰って来たのかも憶い出せない程でありました。その時以来飯も喉を通らず、体中から力が抜けて寝込んでしまったとの事でありました。

確かに一と目惚れ、という事はあります。何故にその事物、人間等々に好悪、愛憎の差異が生ずるのか、そしてそれが個々人によって千差万別なのはどうしてなのか、全くもって判りません。そして、愛の形、その対象に関しての姿勢も様々でありますのも不思議であります。埴谷雄高風にいえば、架空凝視から現実密着の間でどちらの要素も様々の割合で含みながら、自己と対象の距離を決定しているのでしょうが、それを決定付ける要素が何なのかは、現在のところ全く解明されておりません。現実密着型の極みは、とにかく好きで好きでどうしようもない。何をされても、どんなひどい人であっても、いかなる理不尽な事をされても好きである事は不変である、といったケースも確かにあるのです。傍から見れば、見込みがないからさっさと別れた方が良いと思えるのに、ひたすら尽して本人が満足なのですから、もう何をか言わんやであります。現象的には似ているのですが、一方構造的には全く逆でありますのが、架空凝視型でありまして、こちらの極致は愛する対象は常に自分でしかない、という事になります。相手を愛しているのではなく、相手を愛している筈の自分に酔っております。こよなく妻を愛する理想の夫である自分にうっとり、ひたすら夫に尽す貞淑な妻である自分に惚れぼれとする、そんな感じであります。

実際の生活局面におきましては、溺愛としか言い様のない他者愛と自己愛完結の為の手段でしかない他者愛との両極端を、その架空と現実が時々刻々変化しつつ、個別具体的な事象に対応して揺れ動いているのでしょうが、各人の愛の対象に対するスタンスは個々人の責任の範囲を越えて既に決定されているとしか思えません。ちょうど社会生活に対するスタンスに、現実路線派と、理想追求派があって、それは無意識下の何かによって決定付けられている様に、であります。そしてどちらが正しいとか良いとかは言えず、そのどちらも人間の真実なのでありましょう。全て地球誕生からの因果としか言い様がありません。

さて搗米屋の清蔵さんの悩みを聞いた親方、

「何も将軍様のお姫様に会おうてんじゃないんだ。金さえあれば良いんだから一年間、死んだ気になって働いてみろ、俺が何とかしてやる」

と、いささか怪しい太鼓判、真に受けた清蔵一年間死にものぐるいで働きました。奉公を始めた時から親方に貯《あず》けておいた金と合せて、十三両二分となっておりましたので意気に感じた親方が一両二分足して十五両にして幾代太夫に会いに行くこととしました。

茶屋を通して花魁を呼ぶ、そんな太夫遊びは親方も良く判りませんので、医者の藪井竹庵先生を先達と頼み、衣裳は足袋とふんどし以外は親方からの借り物で吉原に出掛けました。

搗米屋では具合が悪いので、野田の醤油問屋の若旦那という触れ込みで登楼致しました。

今日の今日では断られて当然の全盛の幾代太夫でありましたが、間の良い時はそんなもので、たまたま都合もついたし、お茶屋への義理もあって、めでたく清蔵さん幾代太夫に会う事が出来ました。短い一夜が明けた清蔵さんの前に化粧を直して幾代太夫が現れます。雪の富士に朝日が差す如くの美しさの幾代太夫が清蔵に、今度はいつ来てくれるのかと尋ねます。清蔵、涙ながらに語るに真実をもってなします。醤油問屋の若旦那とは真っ赤な嘘、錦絵で太夫を見染めたただの搗米屋で、一年間飲まず食わずで働いて貯めた金でやって来ました。今度来れるのは早くて一年後ですと、嘘を詫びつつ申しました。

それを聞いた幾代太夫、はらりと涙を落とします。

「紙より薄い今の人情、主《ぬし》の様に真実《まこと》を明してくれる人は他《ほか》にありんせん。わちきの様な者でもそれ程思ってくんなんすなら、どうぞ主と所帯が持ってみたい、来年三月年季《ねん》が明けたら女房にしてくんなまし」

と、これは所帯を持った時の足しにと五十両を渡します。来年三月、それまではこの廓に足を踏み入れてはいけませんと、念を押します。

涙ながらに後朝《きぬぎぬ》の別れの後日本橋馬喰町に帰った清蔵、今まで以上に懸命に働いておりますが、周りの者は冷ややかであります。松の位の太夫まで張った花魁が、たかだか搗米屋の職人の嫁に来る筈がない、

幾世（代）餅といいますと両国橋西詰に実際にあったお店です。元禄年間（1688 ～ 1704）に小松屋喜兵衛の創案で切り餅を焼いて小豆餡をつけたものであったそうです。（左図『名攀集』、右図『年玉日待噺』）

と誰一人として真に受けませんが至極もっともな話で、こちらの方が当り前です。ただ一人、清蔵のみが「来年三月、来年三月」とお題目の様に唱えるばかりであります。

一陽来復《いちようらいふく》、年が明け三月十五日、一つの駕籠が搗米屋の前に停まります。駕籠の内から降り立ったのは、すっかり堅気の姿に形《なり》を改めた幾代太夫でありました。

「小僧どん、清はんがいなんしたら、吉原《なか》から幾代が訪ねて来たと、言ってくんなんし」

清蔵の純情、幾代の真情、ここで泣かずにどこで泣くんですか。

両国広小路に幾代餅という餅屋を出したところ、かつての幾代太夫がただで見られるというので大繁盛、東は成田山から西は八王子まで行列が出来、並んでから餅にありつくまで丸二日かかったそうでありました。同様の噺は「紺屋《こんや》高尾」でありまして、高尾太夫に会う為に三年分の給金を貯めて来た久蔵はしがない藍染め職人。

久蔵の思いに感激した高尾太夫が、年季明けて夫婦となり、早染めの浅葱《あさぎ》染めを考案し、高尾見たさの客もあって大繁致しましたという、どちらも後味の良いお噺となっております。

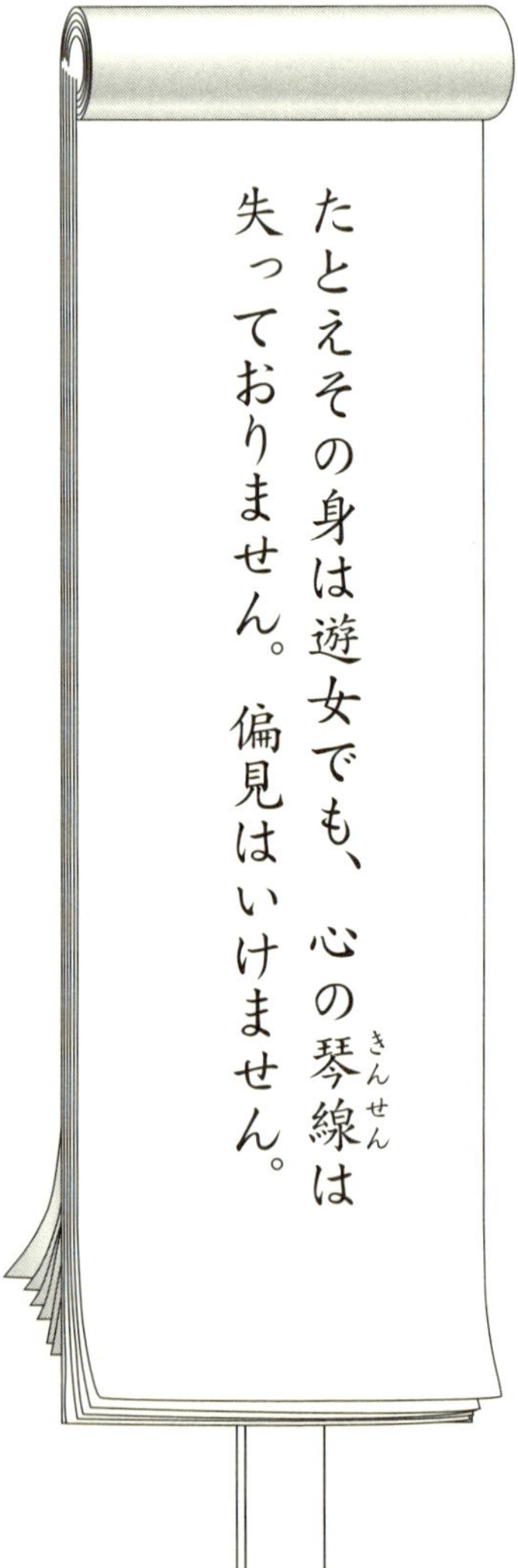
たとえその身は遊女でも、心の琴線《きんせん》は
失っておりません。偏見はいけません。

三十七　おせつ徳三郎《とくさぶろう》

この世で添えない二人なら、あの世とやらで添い遂《と》げましょう

大店の手代徳三郎と主人の娘おせつの恋。生木を裂く様に別れさせられた二人ですが、おせつ婚礼の晩に二人は駆け落ち。追っ手がかかりもはやこれまでと二人して川に身投げしましたがそこは木場、一面のいかだの上で助かったというお噺です。筋立ては近松門左衛門の「五十年忌歌念仏」などに登場するお夏清十郎に似ておりますが、落語の方は二人助かって終わりますので、まずはめでたし、めでたしとなっております。

しかし江戸時代は心中は厳罰に処せられた罪でありました。何故に心中するのかといいますと、当時は現世で認められなかった恋の成就をあの世で果そうとの動機であります。親子は一世、夫婦は二世、主従は三世とされておりましたから、いっそあの世に行って蓮《はす》のうてなの上で夫婦になろう、なんて蛙みたいに考える人も出現した訳です。

当時の許されざる恋の代表は親の許さぬ恋でありまして、次が今でいう不倫、当時の不義密通つまり配偶者ある者との恋、であります。この恋の当事者に夫がある場合は夫に処罰権が与えられており、当事者二人を重ねて四つにしても、つまり二人を真二《まっぷた》つに切り捨てても許されておりました。許されぬ恋ならばこの世を捨てて、あの世とやらでと考えるのも自然の成り行きの一つであったのでしょう。しかし元禄時代以降、歌舞伎、浄瑠璃の心中ものの流行に相呼応するが如く、現実にも男女の心中、場合によっては同

刀屋の図。日本刀を新刀と古刀に分類する方法も有るそうです。慶長（1596 ～ 1615）以降に製作されたものが新刀で、それ以前を古刀とするそうです。江戸時代ともなりますと武士の魂の刀も、ほとんど飾りとしての意味しか持たなくなりました。ちなみに実戦では古刀でないと威力を発揮しなかったそうです。(歌川貞秀画『桜風呂花半開』)

性の心中までもが頻発した様であります。

この心中に対し厳罰主義で臨んだのが八代将軍吉宗でありました。心中の本質を現体制、規範に対する重大な挑戦、反抗と正しく捉えたのでした。つまり道ならぬものなら諦めろ、が体制の論理であり、そんな道が間違っているからこんな世は捨てて、あの世で幸せになってやる、というのが反体制者の論理であった訳です。

享保八年（一七二三年）の歌舞伎狂言、絵草紙にての心中事件取扱い禁止令に象徴される如く、それまで単なる自死扱いであった心中に対する方針を改め厳罰とし、心中という言葉自体を使用する事を禁止し、相《あい》対死《たいじに》と規定致したのです。

寛保二年（一七四二年）制定の公事方御定書によれば心中既遂者はその死体取り捨て、つまり放置され、野良犬猫、鳥獣の餌食となり、二人とも未遂の場合は日本橋で三日晒されたのち身分を非人手下《てか》とされました。男が死んで女のみ生き残った場合は非人とし娼婦とされ、男が生き残った場合は殺人の下手人として死罪でありましたが、女が自家の雇い人であった場合下手人とはされず、非人手下とされましたが、これは明らかな身分差別、と今怒ってもしょうがない事です。

さる大店の手代徳三郎、お店の御主人の娘おせつと理無《わりな》い仲となってしまいました。どちらかと言いますとおせつの方が積極的であった様ですが今更それを言っても詮無《せんな》い事ではありります。しかし二人の仲が主に知られ、身分違いもはなはだしいと、生木《なまき》を裂く様に徳三郎は解雇され、今は叔父さんの家に居候であります。

そんなある日叔父さんが慌《あわただ》しく出掛けるその先を聞くと、何とおせつの婚礼の手伝いとの事でありました。かっとなった徳三郎、叔父さん家を飛び出してどこをどう歩いたのか、ふと気が付くと一軒の刀屋の前に立っておりました。吸い込まれる様に店に入り、何でも良いから無茶苦茶に切れる刀をくれと注文しますが、二十二両と聞いて、

「まあ考えてみればそんなに切れなくても結構なんで、二人切れれば良いんです」

徳三郎、おせつの婿取りの婚礼の席に殴り込み、おせつを刺し殺し、自分も死ぬ覚悟でありました。その徒《ただ》ならぬ様子を察した刀屋の主人は苦労人であります。徳三郎に何故二人分切れる刀が欲しいのか

と優しく問い掛けます。自分のごく親しい友達なんだがと、使用人とそのお店の一人娘との道ならぬ恋のいきさつを語り、今夜がその祝言の晩だと打ち明けました。それを聞いた刀屋の主人、徳三郎を諭《さと》します。

「最近の娘は利口になった、死ぬの生きるの、男にすむのすまないの、駆け落ちをするとかしないとか言わず、親の目にかなった婿を取って孝行するなんて立派なもんだ、感心だ」

「その友達は婚礼の席に暴れ込んで娘を殺し、自分も死のうとしてるんです」

「そりゃあとんでもない心得ちがいで、気のくるった犬か猫みたいに人様にかみつくことばかり考えてる。その友達に教えてやりなさい。人間だったらそれらしい仕返しがある。一度死ぬと決めたのならば、働き過ぎで死んでしまうつもりで働くことだ。そうすれば今の向こうよりも立派な身代が築ける。そうしてその娘さんよりはるかに立派な女を嫁に取って見返してやればいい。それが人間らしい仕返しというものだ。それが出来なきゃ、大川にどかんぼこんだ。二、三日後に土左衛門と名前を変えて御対面だ。これでせいせいしたと娘が思えばそれまでの事。あたしの為にこんなになってすまないと思って後追い心中となれば浮名が立って粋なもんだ。切り死んだ死がいが二つよりよっぽど気が利いてるか知れやあしねえ」

そんなところにおせつが家出したので知り合い総出で捜しているとの話が入ります。思わず刀屋を飛び出す徳三郎、向かうは心当りの本所です。橋の上でぼうっと佇《たたず》むおせつに出食わす徳三郎、遠くからはおーい、おーいとおせつを捜す声が迫ります。

もはやこれまでと、七つの鐘を六つ聞いて残る一つはあの世とやらで、と二人しっかり体を結び付け、南無妙法蓮華経と唱えるなり川に飛び込んでしまいました。しかし、そこは深川木場であり、川面はいかだで覆い尽くされておりました。

「いててて。死ぬのがこんなに痛いとは。おや何で死ねないんだろう。そうか今のお題目（材木）で助かった」

この落ちは「鰍沢」と同じでありますが、こちらの噺の方が古い様であります。

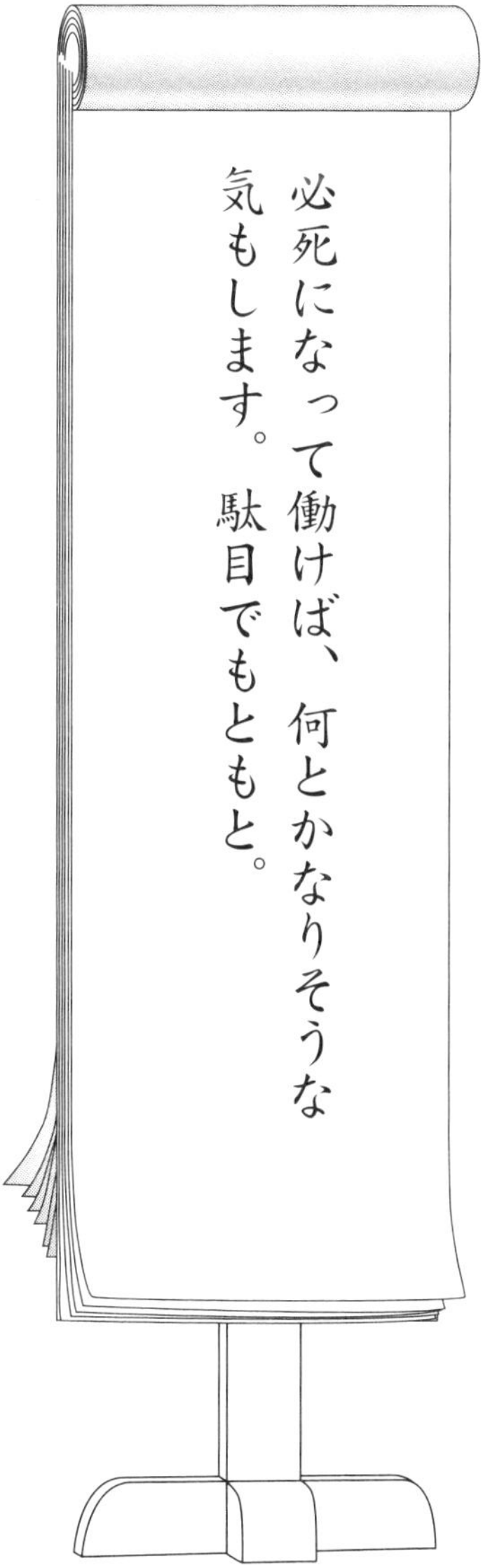
必死になって働けば、何とかなりそうな
気もします。駄目でもともと。

三十八　三方一両損《さんぽういちりょうぞん》

意地と意地とのガチンコ勝負

「江戸っ子は宵越しの銭は持たねぇ」なんて申しますが、実際は持てなかったというのが実態であった様です。江戸っ子という場合、士農工商の中で間違いなく工、つまりは職人であります。士農は問題外にしても、商の実態は名古屋、大阪、京都を中心とした関西圏を本店とするかもしくは出身母胎とする商店であり、つまりはこれらの江戸店《えどだな》という地位でありました。そしてその商店に勤務する者の多くは、その母胎地方出身が多く、よしんば江戸出生者でありましても江戸っ子とは呼ばれず、江戸者《えどもの》と呼ばれたものだそうです。

「江戸っ子の生まれ損ない金を貯め」なんて言葉もよく使われますが、江戸っ子が手間賃稼ぎの職人であるのならば、腕さえあれば収入は確保出来ますが、雨降り風間《かざま》、怪我病気に出遇えばひとたまりもございません。その結果皆平等に貧しかった訳でして、あたかも原始共産制に近い世界がそこに出現したのです。つまりは相互扶助なくしては誰もが生存が成り立たなかった訳です。金なんてものはある奴がない奴に融通すれば良くその地位はその時たまたまそうであるだけであり、いつでも交換、交代するものでありました。隣人の子がひもじい思いをしていれば自分の食扶持《くいぶち》を削って分け与えれば良いので、その逆もいつでもあるのですから。そんな当り前の理《ことわり》の判らぬ奴が金を貯めたり、自身だけの出世を願ったりして、長屋中の顰蹙《ひんしゅく》を買うのでありました。

神田白壁町左官の金太郎、柳原《やないはら》（今の万世橋の辺り）で財布を拾いました。中を改めますと三両の金と印形、書付けに神田竪大工《たてだいく》町大工熊五郎とありました。三両といえば大金です、さぞかし困っているだろうと、金太郎早速届けてやりました。おりしも熊五郎、鰯を焼いて一杯やろうとしていたところですから懐具合が良い筈もありません。ところが、

「書付けと印形は大事なもんだからもらっておくが、勝手に飛びい出していった銭は俺のもんじゃねえから手めえが持って帰れ。四の五の言うとひっぱたくぞ」

「この野郎、おつにからんだ言い方しやがって、てめにおどかされる様な弱え尻はねえ、殴れるもんなら殴ってみろ」

「よし、おあつらいなら殴ってやらぁ」と、組んずほぐれつの取っ組み合いとなり、止めに入った大家さんにたしなめられた熊五郎、

「大家のくせに相手の肩を持ったぁどういう料簡だ。こっちは晦日の家賃を毎月きちんと二十八日に持ってってんだ。それなのに手前はなんだ。盆だ正月だって言っても、鼻紙一枚よこしゃしねぇ、ぐずぐず言うとてめえも張り倒すぞ」

ここまで言われて大家さんも怒りまして、お白洲の砂利の上であやまらせるから今日のところはと、金太郎を帰します。その話を聞いておさまらないのが金太郎の大家さん、訴え出るならこっちからと、無筆の金太郎に代わり、おおそれながらと訴え出ました。

正面に紗綾形《さやがた》の襖《ふすま》、右手に公用人、左手に目安方、縁の下には同心衆。そこにお出ましになるは大岡越前守忠相と役者が揃います。

「熊五郎、何故に財布を届けし金太郎に打ち打擲《ちょうちゃく》の乱暴狼藉《らんぼうろうぜき》の振るまいをなしたのか」

「銭は俺のもんじゃねぇから持って帰《けえ》んねぇと為にならねぇぞと親切に言ってやったんだがこいつが人の親切を無にしゃがって」

「金太郎、何故に金子を貰いおかぬのじゃ」

「お奉行さん、見損なっちゃいけねぇぜ、こちっとらは毎朝晩、金毘羅様と神田大明神ついでにお不動様に手を合せ、どうか金を残す様な目に会いたくねぇ、出世する様な災難に出遭いたくねぇとおがんでるくれぇなんです」

双方ともそこまで言うなら三両は越前のあずかり、改めて正直の褒美《ほうび》として各人二両を下げ渡すとの沙汰となりました。越前もポケットマネーで一両出しましたので三方一両の損、お馴染みの一席であります。

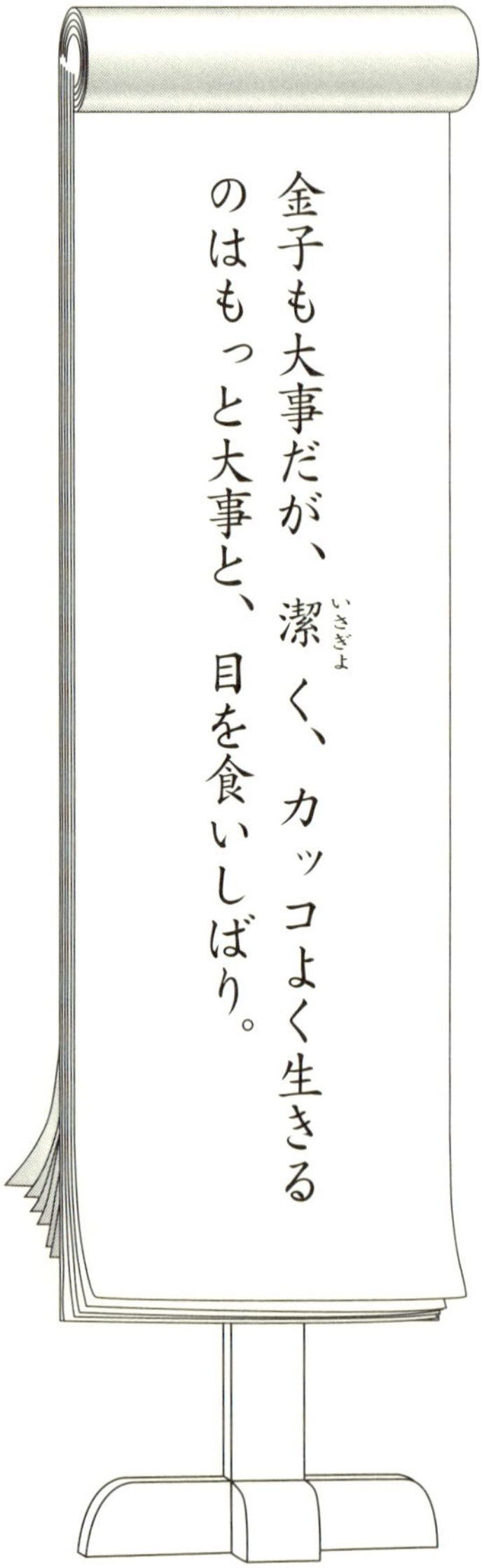
金子も大事だが、潔《いさぎよ》く、カッコよく生きる
のはもっと大事と、目を食いしばり。

三十九　文七元結《ぶんしちもっとい》

金で買える命はねぇんだ

「金儲けして悪いんですか」と宣《のたま》った御仁がいらっしゃいましたのも日本が平成になった後のことでした。そやって良いとか悪いとかでなく、要はそのやり方、という事がこんな人には判っていないのでしょう。それじゃお訊い致しますが、何故金儲けして良いんでしょうか。

百円で仕入れた物に十円分の価値を増して、百五十円で売るのが金儲けならば、こりゃちょっと狡《ずる》い感じがしますがどうでしょう。アラーの神だってそんな事は許しませんと聞きます。唯一そんな行為が許されるとしたら、その金儲けによって飯を食える人が増加する場合、または今まで十キロの米しか買えなかった人が十二キロ買える様になる場合だけでしょう。つまりは利潤が拡大再生産の原資となり以って社会貢献、福祉の拡大に寄与する局面においてのみ利潤の追求が許されるといえるのでしょう。

お金はそれを使う事によって他者の生活の糧となればこそ意味があるのでして、自己完結的にその利益の享受が自分自身にのみ留保される場合、その人は単なる我利我利亡者《がりがりもうじゃ》と呼ばれます。だってどんな金儲けの才能だって、どんな卓越した能力だって、たまたまその人に付与されただけだと思うんです。そんな人はどんどん稼いで、たくさん税金を払って人々から感謝されれば良いと思うんですけど、これはそんな能力のない者の僻目《ひがめ》でしょうか。

そんな理屈をいうまでもなく、江戸の庶民はするべき時に何をするべきかを、ちゃんと判っておりました、というのが文七元結の一席であります。主たる登場人物は本所達磨《だるま》横町の左官の長兵衛、その娘おひさ、吉原の妓楼佐野槌《さのづち》の女将、日本橋横山町べっこう問屋近江屋の手代文七、その主人近江屋卯兵衛であります。本所達磨横町といいますと、唐茄子屋政談の伯父さん家もそこであります。今の吾妻橋を東に渡ってアサヒビールの右手あたりであります。

左官の長兵衛、今日も博打で身ぐるみはがれ、お仕着せの半天一つで帰ってまいりました。灯りも点けず暗いなか女房が泣いております。手めえがそう陰気だから目が出ないと難癖をつける長兵衛に、娘が昨日から帰っていないと打ち明ける女房。お前が悪い、あんたの所為《せい》だと罵り合っているところに、吉原の佐野槌からの使いです。遅くなったが実は娘さんは家にいるので至急来て欲しいとの女将からの伝言です。駆付けた長兵衛が驚いたことに、娘のおひさが父親の借金返済の為、五十両でこの身を買って欲しいと旧知の女将に頼み込んだとの事でした。

「判った五十両あれば何とか片が付くんだね。そのお金、無判無証で貸して来年大晦日まで待ちましょう。それまでおひさは家で預りひと通りの事を習わせて、一切手は着けません。でも大晦日が一日でも遅れたら私も鬼になります。おひさに客を取らせるから、その時になって恨んでもらっちゃ困りますよ」

「おとっつぁん、私がいなくなったらおっかさんが癪を起しても誰も助けてあげられないんだから。博打に負けて、おっかさんをぶったり、けったりしないでおくれよ」

昔世話になった佐野槌の主人の形見の財布に貸してもらった五十両をしまい、長兵衛が吉原を出ましたのがもう大引け過ぎ（午前二時頃）でありました。人っ子一人いない夜中の道をとぼとぼと、さしかかりましたのが吾妻橋。その中央近くで今まさに若い男が大川に飛び込もうとしておりました。待て、と抱き止めその訳を問い質しますと、その男べっ甲問屋近江屋の手代文七、小梅の水戸様に集金の帰り、その五十両をすられてしまったとの事です。身寄りのない自分を幼い頃から親代わりで育ててくれた御主人に死んでお詫びをするしかないの一点張りであります。ちょっと目を離すと直ぐに大川に飛び込もうとします、ほとほと困った長兵衛さん、とうとう意を決します。

「よし判った。てめぇはどうしても死ぬって言うんだな。こんな奴がと不思議に思うだろうから言っておくが、この五十両は娘のおひさが吉原に身を売って作ってくれた金だ。しかしそこの佐野槌の女将さんが良い人で、来年の大晦日まで待ってくれると言ってもらったが、この五十両と元の借金五十両、百両となっちゃもうどうしょうも出来ねぇ。手めぇはどうしても死ぬって言うが、なぁにおひさは死ぬって決まった訳じゃねぇんだ。金毘羅様でも御不動様でもお前の気に入ったやつで良いからおひさの無事を祈ってやってくれ」

長兵衛はそう言うなり、財布ごと五十両を文七に投げつけ、闇夜の中に走り去って行きました。

日向屋に帰った文七を待っていたのは心配していた主人以下店の者全員と、何と五十両の金包みです。盗られたと思った金は、文七が水戸様の御屋敷に置き忘れたものであったのでした。翌日、近江屋の主人卯兵衛は佐野槌からおひさを身請けし、つまり五十両を肩代わりして、文七を伴い長兵衛の長屋を訪れます。そこは盛大な夫婦喧嘩の真最中です。

「娘が身を売って作った金を博打ですっちまうなんて、それ程見下げ果てた男とは」

「だから、吾妻橋で身投げをしようって男にくれてやったんだって言ってるだろ」

「いったいどこの誰なんだい」

「面倒臭え、そんなもん聞くかよ」

「ふん、見えすいた下手な嘘つきやがって」

と、そこに近江屋卯兵衛と文七が現れ、五十両は文七の置き忘れだった事を報告するとともにねんごろに礼を述べます。そうこうするうちに、身請けされ、身形もすっかり改めたおひさが帰ってまいりました。

「見ず知らずの者を救う為五十両という大金をお与え下さるとは、中々出来るものではありません。どうか長兵衛様、今後はこの近江屋卯兵衛と親戚付き合いをして頂きたいし、身寄りのない文七の親代わりともなって頂きたい」との申し出でありました。

一度出した金を受け取るなんて江戸っ子の恥、と渋る長兵衛ですが、おかみさんにつっつかれ、

「それじゃ、この事は一つ町内の皆んなには内緒ってことで」と返金を受け、

「親戚付き合いたって、こんなしがない左官屋なんで五分五分って訳にゃいきません。まぁ七分三分ってとこで宜《よろ》しければ」

その後、文七とおひさは夫婦となり、麹町貝坂で元結屋を開きたいそう繁盛いたしました。

色々と御意見もございましょうが、肝心なのは、何もここで人助けのケース・スタディをしようとしているのではない事です。こんな状況の身投げに遭遇した場合、最善の策は文七に同道して近江屋に行き、五十両の一括支払いは無理なので、五両年賦の十年払い、無利息にて示談にする、といったあたりなのでしょうが、この噺のポイントはそんな所ではないのであります。

どんな事情の金であろうとも金はただの金であり、所詮は世間の約束事の代物、それよりもっと大事な

ものがあり、命の重さに代えられるものではないのです。この噺の様な事は事実としては中々あり得ないものなのかも知れませんが、芸術的真実としては存在し得るのです。せちがらい現世とは別の幽玄の世界に誘《いざな》われてみるのも、たまには良い事でありましょう。

この一編からはニヒリズムの極致からくる自己放棄、自己犠牲の深さ、そしてその結果としての、完全博愛主義が読み取られなければなりません。

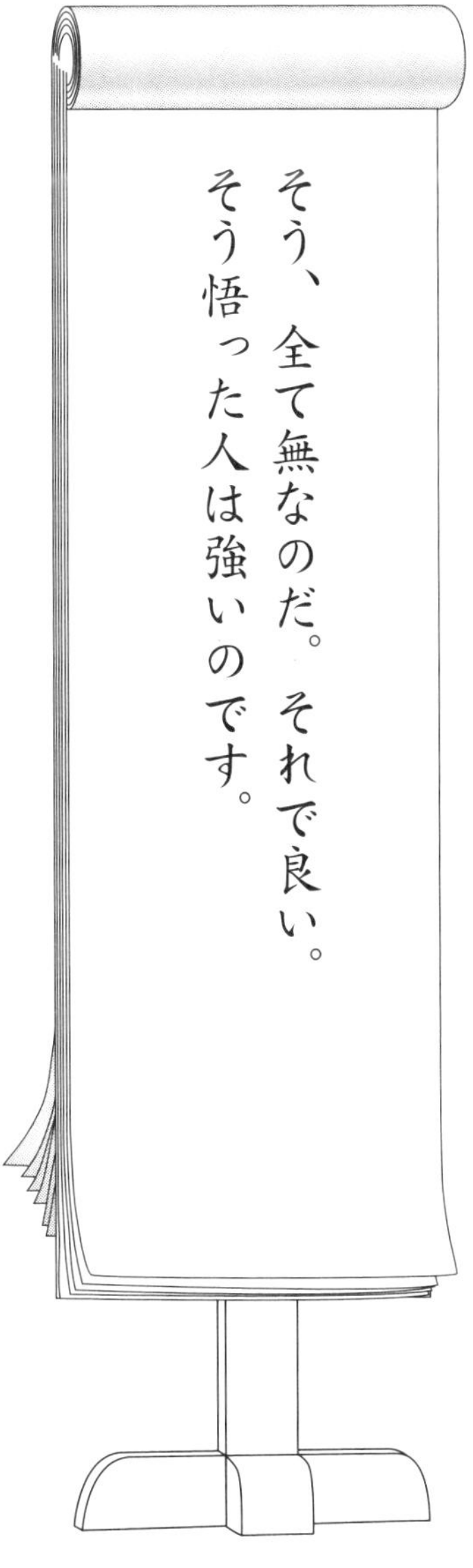
そう、全て無なのだ。それで良い。
そう悟った人は強いのです。

四十　たがや

一寸の虫にも五分《ごぶ》の魂

隅田川の川開きは五月二十八日で、この日から三ヶ月間納涼船の運行が許されました。中型の船にきちんと屋根を着け、障子をはめたしっかりした造りの屋根船は武家専用で、すだれ掛けの簡便な感じは屋形船で、こちらは町人も利用を許されたものだそうです。

川開きの花火は徳川吉宗の時代、享保十八年（一七三三年）に前年の飢饉、ころりの死者の慰霊の為に始めたといわれております。地上での花火は禁止され、隅田川でのみ許されておりましたので、当日は大変な賑わいで、浮世絵などに描かれた川開きの図などは、橋の上は人だらけ、川面も一面の船という具合に描写されております。

花火大会にかかる費用は江戸中の船宿、両国近辺の茶屋料理屋が負担したそうですが、現在の地方公共団体主催花火大会、スポンサーは企業、なんて構図に似ております。

両国橋の上流が玉屋、下流が鍵屋と分担し打ち上げておりました。玉屋は鍵屋からの暖簾分けの店でありましたが、天保十四年（一八四三年）自火を出し、財産没収され江戸所払いとなりました。それでも花火の掛け声といえば「玉屋」でありまして、「鍵屋」というのは余り聞きません。

五月二十八日の川開きの日、両国橋は立錐《りっすい》の余地もない大混雑であります。その中に本所の方から、供《とも》侍《ざむらい》を連れ、中間に槍を持たせた武士が馬で乗り込んでまいりました。乗馬を許されておりますところから、相当な身分の武士である事が知れます。人ごみも構わず、「寄れ、寄れ、寄れい」と傍若無人の振舞いですが、当時の事とて誰も表立って文句は言えません。

一方橋の反対側、両国西詰めからやって来ましたのがたが屋です。仕事帰りで大きな道具箱をかついで、

「はいごめんなさい、皆さんすいません」

と進んでまいりました。折悪《おりあ》しく橋の真中でさむらいの一行と出喰わしてしまいます。供侍が強引に人ごみを掻き分けます。押されたはずみでたが屋さん、道具箱を取り落とし、中から出て来た「たが」（樋、樽などを締めつける竹を割った帯状の材料）がはじけ、つっつっつっつっと伸びたと思うと、馬上の武士の笠をはじき飛ばしてしまいました。

武士の頭上には笠の台だけ残り、何ともかとも間抜けな姿であります。笑っちゃ悪いと思いつつも群衆大爆笑で、武士は大逆上、「無礼者、切り捨てろ」と供侍に命じます。

「悪気があっての事ではありません。人ごみに押され道具箱を取り落としてのことです。家に帰れば目の不自由なおふくろと、女房と七つを頭に三人の子が待っております。

しがないたが屋の職人暮らし、もう明日から釜の蓋が開かず、五人が路頭に迷うはめとなります。どうかごかんべんを、お助けください」

と、いくら懇願しても手討ちに致すの一点張り聞く耳持たぬ様子に、たが屋さんも度胸を決めました。

「べらぼうの丸太ん棒め、下手《したて》に出りゃつけ上がりやがって何が偉くて侍だ。

二本差しが恐くて田楽が食えるか。気の利いた鰻なら四本も六本も差してあらあ。てめらみたいな浅葱《あさぎ》

裏《うら》の（浅葱木綿の羽織裏を着ている田舎武士の事）三《さん》ぴん（三両一人扶持の身分の軽い侍）じゃそんな鰻は食ったことがあるめえ。俺もしばらく食ってねえが。人間おぎゃあと生まれて死なねぇ奴はいねえんだ。今日がその日だと思えば腹も立たねえ。痛いの嫌いだからやるんなら思い切ってスパッとやってくれ。切って赤くなかったら銭はいらねえ西瓜野郎。さあ切りやがれ、こんちくしょう」

大群衆の罵声を浴びて腰の引けた侍と、心得はないものの死中《しちゅう》と覚悟を決めたたが屋さんとでは心底《しんてい》が違います。持前の腕っ節の強さも手伝って、相手の刀を奪うとあっと言う間に供侍三人を袈裟《けさ》懸《が》け、串刺し、唐竹割《からたけわり》と仕留めてしまいます。

馬上の武士、もう黙っておられません、馬から飛びおり中間《ちゅうげん》に持たせてあった槍をしごきます。野次馬から手当り次第に物が投げつけられて武士が我れを忘れたそのすきに、たが屋体ごと武士にぶつかります。どんな拍子かはずみかで、たが屋の持った刀が武士の首をはね、空高くぴゅーっと上がります。これを見た大群衆の見物人がいっせいに、

「あっあっ、あがった、あがった、あがったい、たぁがやー」

このお噺も当初は、たが屋の首がはねられていたそうですが、時代を経るにつれ、何時の間にか武士の首が飛ばされる様に変化したそうです。

その事は時代の世相の反映に外ありません。アンシャンレジームたる武士階級の凋落と市民階級の実質的社会支配をつまりは封建勢力に対する新興市民勢力の武力闘争勝利をこの噺は象徴しているのです。そしてこの背景こそが、徳川幕藩体制の崩壊たる明治維新の原動力であったのでしょう。

因《ちな》みにかのフランスにおいてルイ十六世、マリーアントワネットらがギロチンで首が飛ばされましたの

が、寛政五年（一七九三年）第十一代将軍徳川家斉の時の事でありました。明治維新の七十五年前のことです。

歴史の必然とは否や応なく世界同時的に進行する、という証左なのでしょう。

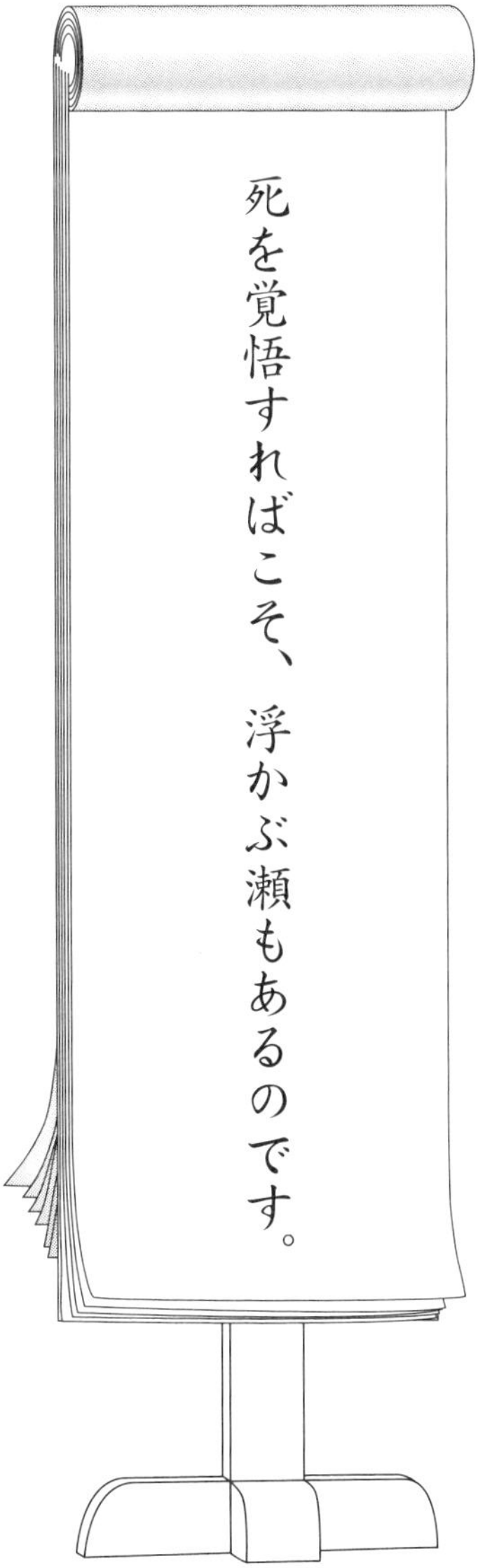
死を覚悟すればこそ、浮かぶ瀬もあるのです。

四十一　猫久《ねこきゅう》

たとえ猫と呼ばれる人でも退けぬ時もある、その時女房は

女房たるものこうあるべし、というお噺でありまして、酒盃など片手に気楽に聞いておりますと自然と背筋なんかが伸びてきて、酔いもいつの間にか醒めてしまいそうですが、そのまんまにしないところが落語の良いところで最後にはちゃんと帳尻を合わせてくれますから、御安心を。

確かに夫婦というもの四六時中人生のパートナーとして決定的判断、助言、互助が必要なものではありません。むしろその共生の局面におきましての大半は、単純な日常生活の繰り返しでありまして、退屈な様でも昨日と同じ今日の連続、でなければむしろやっていけないものであります。しかし、そればかりで人生過ごしていけるかといいますと、そうでもありません。夫が、妻が、人生の重大な岐路に立ち右か左か、前か後か、縦か横かと思い悩む場合があります。そしてその悩みの中核は自分自身の希望が不明なのではなく、その望みを通した場合に配偶者、家族に多大なる変化を強いる事に対する不安が払拭しきれない場合が多いのであります。そこで配偶者からの一と言が決定的な判断要素、条件となります。つまり、その一と言を聞けば、それなら行くか、なのか、それなら止《よ》すか、それとも、それでも行くのかのどれが真実自分自身が望んでいる本心なのかが炙り出されてくるのであります。

久六という八百屋さん、長屋の誰よりもお人良しでありますところから、ついたあだ名が猫久で近頃で

はもうただの猫で通ってしまいます。しかしこの猫久さんある日血相を変えて帰ってくるなり目を据えて喚《わめ》きます。

「さあ、今日という今日はもうかんべん出来ねえ、野郎叩っ切っちまうから刀をだせ」

これを聞いた猫久の女房、たんすから刀を取り出し神棚の前にぴたりと座って何やらとなえごとをいたしまして、その刀を袖にあてがって、ていねいに三べん戴いて、

「さあ、お持ちなさい」と刀を渡しました。

それを見ていた長屋の向かいの熊さん、日当りの悪いところでぼうっと育ってしまったもやしの出来損ないみたいな人です。お上さんを呼びつけて一部始終を物語りますが聞いた方も聞いた方で、

「あの猫久のお上さんはこの長屋でも評判の変わり者、毎朝この長屋の誰より早く起きるし、朝だって井戸で人の顔を見るか見ないかのうちに『おはようございます』なんて言いやがるんだ、いやになっちゃう。第一亭主より早く起きるなんて女房の恥だ」と言う始末であります。熊さんこりゃ話にならないと床屋に出掛けますが、流石この猫が豹変の件は伝わるのが早く床屋でも大変な噂になっておりました。この話を聞いていた五十歳前後の立派なお侍、詳しい話を聞き取って、一同が猫久とその女房を変わり者だと笑っているとと知り、威儀を正して説教致します。

「汝《なんじ》ら、人間の性《しょう》あらば、魂《たましい》を臍下《せいか》（へその下）に落着けてよーく聞け。日頃猫と呼ばれる程の良き人が刀をだせとは男子の本分よくよく逃《のが》れざる時なり、朋友の信義としてかたわら推察せねばならぬところを笑うという戯《たわけ》があるか。また、日頃妻たるもの夫の心中をよくはかり、否と言わず渡すのみならず、これを神前に三べん戴いてつかわしたるは、先方に怪我のあらざるよう、夫に怪我のなきようとのその心底あっ

ぱれ女丈夫《じょじょうぶ》ともいうべき賢夫人である。貞女なり、孝女なり、烈女なり、賢女なり、天晴《あっぱ》れ至極《しごく》、じつに
感服つかまつった」
と、すっかり油を絞《しぼ》られた一同でありました。家に帰った熊さんも、どうやら猫の女房は偉いらしいが
本当のところは良く判りません。
「ともかくてめなんぞ、俺が何か持って来いって言ったら、ちゃんと戴いて持って来れるか」
と、その時野良猫がお昼のおかずの鰯をくわえて逃げて行きます。熊さん顔をまっ赤にして、すりこぎで張り倒すから持って来いと女房にどなります。
「待っとくれよ。いま、あたしゃ戴いてるから」
マ、女房はここら辺が丁度良いのかも知れません。

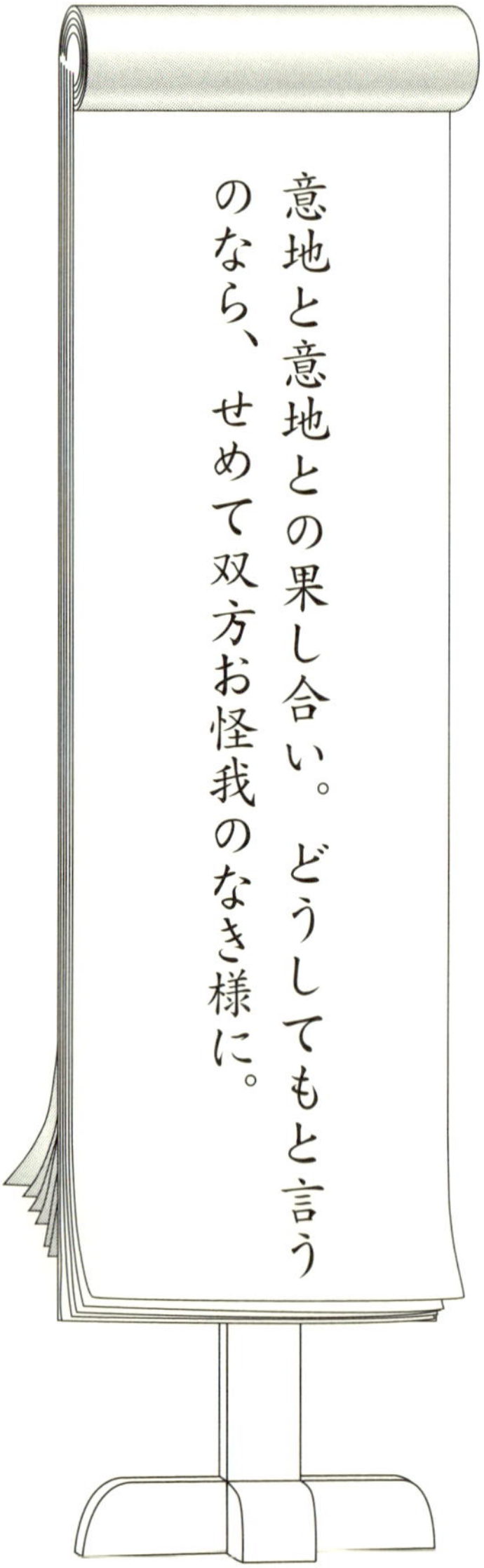
意地と意地との果し合い。どうしてもと言う
のなら、せめて双方お怪我のなき様に。

四十二　柳田格之進《やなぎだかくのしん》

武士の一分《いちぶん》か、人の情けか、どうする柳田格之進

江戸時代には武士による無礼討ち、手討ちが認められており、武士としての体面が傷付けられた場合、一刀両断切り捨て御免でありました。と、漠然と思われておりますが、実際はそう簡単なものではありませんでした。無礼討ちは現在でいうところの違法性阻却事由であり、その正当防衛の対象たる権利の内に、武士としての体面、名誉が含まれていた訳です。

近代刑法における正当防衛の成立要件は、自己または他者の生命、身体、財産に対する、急迫、不正の侵害を排除する為になされる加害行為とされております。江戸時代におきましても、武士であれば誰彼れの区別なく切り捨て御免であった訳では決してなく、武士としての名誉が傷付けられた程度はどれくらいであったのか、その加害行為に対する防衛行動は本当に止むを得ないものであったのか、など相当厳密に取り調べを受けた様であります。

江戸市中におきましては、武家地の管轄は目付、大目付で、寺社地は寺社奉行、その他の地域の行政、司法、警察、消防などを司どったのが町奉行でありました。浪人は士籍を失なった後も苗字帯刀は許されましたが、身柄は町奉行の支配下で、法的身分は百姓、町人と変わりませんでした。

井伊掃部頭《かもんのかみ》家来、柳田格之進。文武両道に優れた武士の中の武士であります。しかし謹厳実直な人柄で曲っ

た事が大嫌い、牛の角を見て悔し涙を流すくらいでありますが、そういった人にありがちな事で、周囲からは煙たがられておりました。江戸留守居役という重責を担《にな》っておりましたが謂《いわ》れなき誹謗中傷により失脚してしまいました。今は浅草阿部川町の裏長屋に若死にした妻の忘れ形見、ことし二十才の娘きぬと二人住いであります。

日々の暮らしはこのきぬが御近所の人々から請け負う針仕事にて細い煙を立てております。柳田は特に仕官の道を探る訳でもなく鬱々《うつうつ》と過ごしておりましたが、娘に勧められて行った碁会所で知り合ったのが両替商万屋《よろずや》源兵衛です。妙に気が合いいつしか毎日の様に源兵衛の屋敷にて碁を打つ様になりました。

そんな八月の月見の宴の後、番頭の徳兵衛が主人に届けた五十両の金包みが紛失致しました。柳田を疑う徳兵衛に主人の源兵衛は自分の小遣いとして処理して放っておけと命じますが、収まらない徳兵衛翌日柳田のもとを訪れます。疑われた事を知った柳田、万屋源兵衛は江戸で屈指の分限者、こちらは一介の素浪人、縄目の辱《はずかし》めを受ける事はないものの疑を受け家名の汚れとなるは必定と思い至りました。

「その金包みに全く覚えはない。しかしその場に居合わせたのが我が身の不運。町奉行に呼び出されるなどは家名の汚れ、先祖に申し訳が立たぬ。明日の昼に五十両渡すから取りに来なさい」

そう言って徳兵衛を帰しますと、一通の手紙を認《したた》め娘きぬを呼びます。手紙を麹町の叔母の所に届け、今日は泊って来なさいと命じます。しばらく考えておりましたきぬでありますが、親子の縁を切ってくれと言って切り出します。

「父上はお腹を召して身の潔白を明すお考えでしょうが、相手は所詮は町人、それで信ずるとも思えません。父上が御存知ない金包みならば必ず出てまいります。もし今父上がお腹を召されたら、その時誰が柳田の家名を晴らすのでしょうか。五十両はこのきぬが泥水稼業に身を汚してもお作り致します。真実が明らかになる時が必ず来ます、その時町人の無礼を糺《ただ》して戴きとう存じます。きぬは武士の娘でございます」

翌日きぬが吉原に身を売って作った五十両を徳兵衛に渡す柳田に、

「もし五十両が他から出て来たら、私の首と主人源兵衛の首二つ差し上げますのでどうぞお収め下さい」

と調子づく徳兵衛でありました。

その報告を聞いた源兵衛、怒りあきれつつ詫びを言いに柳田の長屋を訪れましたが、既に退去した後でありました。

月日に関守なし、年が明けて年始の挨拶廻りの帰り、湯島の坂に通りかかった徳兵衛に声を掛けて来る立派な姿の武士がありました。何とこれが讒言《ざんげん》が解け、彦根藩江戸留守居役に復帰した柳田格之進その人です。実は五十両の金包み、年末の大掃除の際額の裏から出て来ていたのでした。その事を報告する徳兵衛に柳田は、

「その節は大変世話になった。明日御挨拶に参上致す。今日のところは風呂にでも入って良く垢を落としておくように。特に首のあたりは念入りにな」

さてその翌日、やって来ました柳田に、源兵衛は主人たる私の責任ですから、御手討ちは私一人で御勘弁をと、徳兵衛は柳田様に失礼を働いたのは私の独断での事、御手討ちは私一人で御勘弁をと懇願致します。

それを聞いた柳田は、

「黙れ、両名ともそこに直れ」と一喝するや、抜く手も見せず振る一と太刀。飛んだと思った二人の首は飛ばず、床の間の碁盤が真二つに切られておりました。

「主は従を思い、従は主の助命を願う。両名を切り捨てねば娘きぬに対して申し訳が立たぬが、その方らの真情にこの柳田心が動いた。無念であるが両名とも許してつかわす」

親子の縁を切ったと言う柳田に代わって万屋源兵衛が親となってきぬを身請けし、徳兵衛と夫婦となり万屋の身代を継ぎました。二人の間に生まれた男の子を柳田が養子とし、柳田家の家督を継ぎその家名を益々隆盛させたそうであります。

一見しますと単純な武士道礼讃《らいさん》、柳田の懐の深さを誉め上げるだけの噺の様に見えますが、それだけではありません。まず柳田とその娘きぬの論理は武士の論理、つまり封建体制下における支配者の論理であります。これに対し源兵衛、徳兵衛の論理は新興ブルジョワジーの論理であります。

万屋源兵衛が両替商、つまりは今日の銀行業である事に注目して下さい。武士の体面、家名を保つ為には身命などは二の次であるとの論理から、吉原に身を売って作った金で身の潔白が明かされる日を待つ。そしてその日が来た時、責任を追及する武士に対し、新興ブルジョワジーの論理によって資本家として契約に基づく使用者責任を主張し、一方使用人は自己の独自の判断に基づく不法行為責任を主張するのです。そこにおいて柳田は人の命と武士の体面というそれぞれの法益《ほうえき》を秤《はかり》に掛けて源兵衛、徳兵衛の両名を無礼討ちにする権利を放棄し、両者を許します。

これは柳田の存立基盤である武士階級の論理よりも、源兵衛、徳兵衛の新興ブルジョワジーの論理が優れている事を認めたからに他ありません。その時期を具体的にどこに引くのかは議論の別れるところでありますが、江戸時代とは、世界的にも稀有《けう》な、産業革命なきブルジョワ革命の成就した時であったのでしょう。柳田格之進自身も武士の論理の真只中に身を置きながら、その心の奥底では、やがて滅び行くその階級の運命を察していたのかも知れません。何といってもきぬは万屋の娘となりその巨万の富を継承し、徳兵衛との間の子が柳田の家名を継いだという事は、そんな時代のダイナミズムを良く表現しているといえるのでしょう。

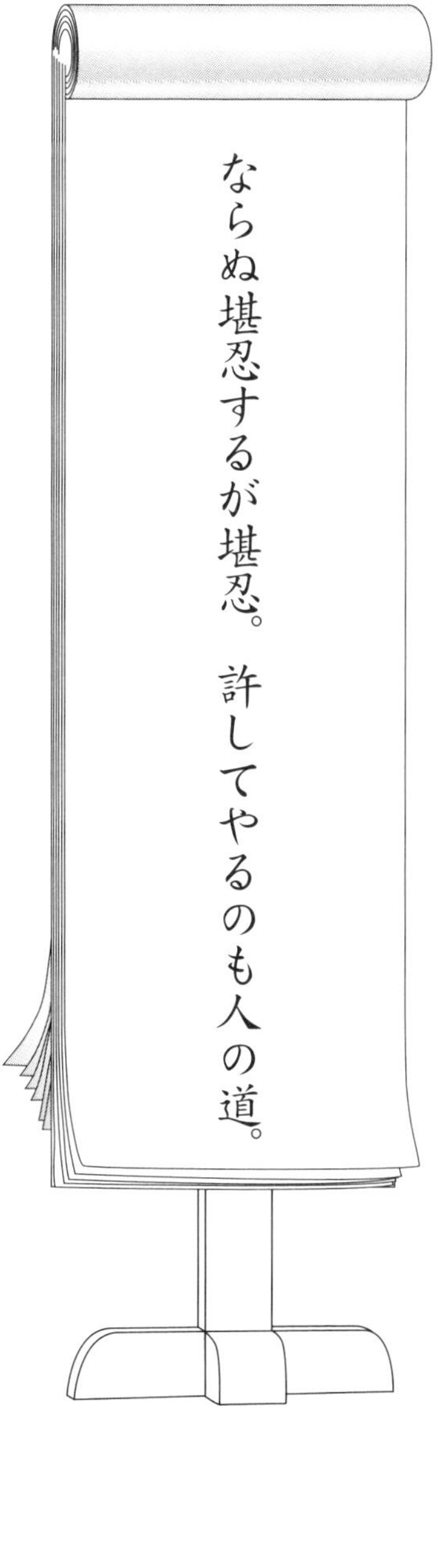
ならぬ堪忍するが堪忍。許してやるのも人の道。

四十三　蔵前駕籠《くらまえかご》

追剥《おいはぎ》たって、何も出ると決まったもんでもないんだろ

江戸市中で庶民は馬に乗る事は許されず、自前の脚以外の移動手段と致しましては、船か駕籠しかありませんでした。その駕籠も当初は庶民の利用は禁止されておりましたが、延宝三年（一六七五年）に四手駕籠の簡素なものに限り使用を認めました。度々駕籠の様式、その数を制限したりしましたが、結局は有名無実となってしまったそうです。大名、留守居役などが使用する権門駕籠《けんもんかご》（引手あるいは引戸駕籠）、かつぎ棒が角棒の宝（法）仙寺駕籠は豪華な造りで、四方が板張り屋根付きで、三方の窓にはすだれがかけられた立派なものであり上級庶民及び神僧職のみならず、小身の大名などもこれを利用した様であります。

庶民向けの駕籠でもその料金は職人の日当の二、三日分に相当し、庶民でも比較的豊かな人が婚礼などの冠婚葬祭、もしくはこのお噺の様に遊里通いの見栄張りに使ったものの様です。天保の頃といいますからもう幕末に近い頃の記録によりますと、日本橋から吉原まで（約二里弱）で金二朱（一両の八分の一）銭なら八百文、三人引きで三朱四人引きで一分（四朱）とされておりました。今でいうハイヤー、当時の高級駕籠屋に所属しておりますのが宿駕籠《やどかご》、ちょっとくだけたタクシー並が辻駕籠《つじかご》でこちらはフリーでありました。

時は幕末、江戸市中はもはや無政府状態であり、その治安は乱れに乱れなきに等しい有様でした。本物もあったのでしょうが、もちろん便乗組もあった自称浪士隊、今日は勤皇、明日は佐幕と、新納鶴千代で

なくとも苦笑いしたくなる様な人々も多々いらっしゃった様です。こんな浪士隊の人々が常習されたのが追剥ぎ、辻切りでありました。その名所といえばこれは蔵前です、日本橋、神田、芝などの賑やかなところから、吉原通い、浅草猿若町三座の芝居見物に行く道すがらで、蔵前はその名の通りの倉庫街であります。今でも都心でありながら何となく、賑わいという言葉とはちと遠い感じの土地柄でありますが、幕末の頃はもっと寂しい所でありました。そこを夜にどうしても通ろうというのですから、吉原への行き帰り、芝居見物帰り、旅人、といずれも小金は持っていそうな人ばかりであります。これでは追剥ぎの名所となるのも道理であります。

さて暮れも押し詰った寒い日、駕籠宿に

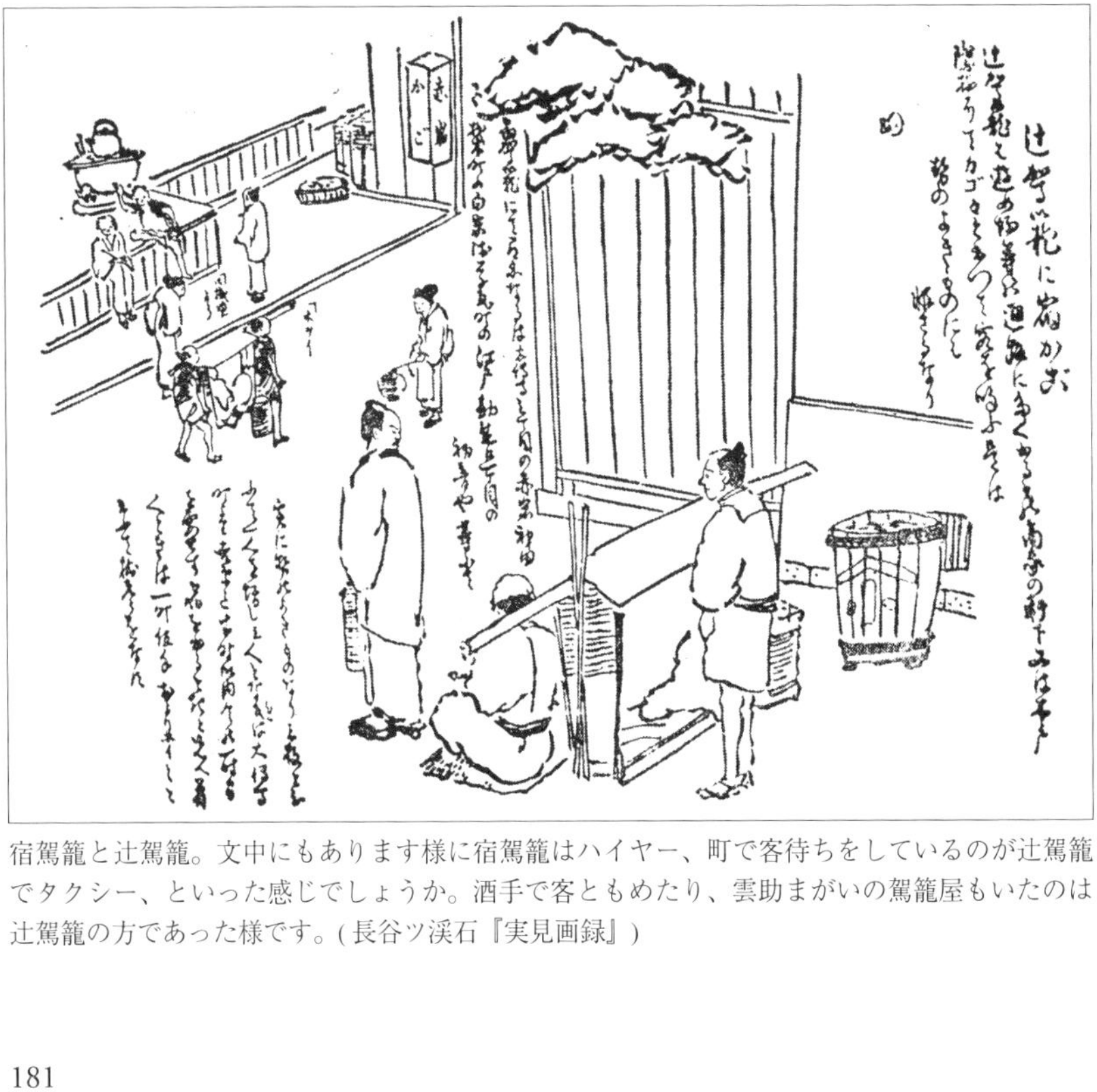

宿駕籠と辻駕籠。文中にもあります様に宿駕籠はハイヤー、町で客待ちをしているのが辻駕籠でタクシー、といった感じでしょうか。酒手で客ともめたり、雲助まがいの駕籠屋もいたのは辻駕籠の方であった様です。(長谷ツ渓石『実見画録』)

飛び込んで来た若い者、夜だというのに吉原までやってくれと申します。どの駕籠宿とは言ってませんが、日本橋大伝馬町の赤岩といったあたりでしょう。駕籠宿の主人が、夜は不用心、お客様に何かあったら手前どもの暖簾に傷も付きますので御勘弁を、と断りますが、聞き入れません。

「追剥だって必ず出るって決まったもんじゃないだろう。連中だって今日当り一杯飲んで陽気に騒いでるかも知れねぇじゃねぇか。もし出ても駕籠ごと持ってく訳じゃねぇんだろ。放っぽり出して帰ってくれて結構、入れ物は空いてるから、明日取りに来てくんねぇ」

それじゃそば屋だね、とあきれる主人です。何もこんな寒い夜中に無理に出掛けずに、明日の日中出直したらどうだと勧めますが、

「冗談じゃねえ。この手紙を見ねえ。あんさんの事を思うと、胸が張り裂けそうで苦しくって、余りに苦しくって悲しくって恋しくって、いっそ死んでしまった方が楽だと思うくらいでありんす。夜中でも身悶《みもだ》えしてもう三日も寝ていません。どうか顔を見せてやさしい言葉のひとつも掛けてくんなまし。それが駄目ならどうぞ死ねと言ってくんなまし、あらあらかしこ。これを読んで知らん顔が出来る奴は人間じゃねえ。じっとしてれば無事かもしれねぇ。無理して行けば、追剥か辻切りにたたっ斬られるかも知れねぇ。それでも行かずに人間止《や》めて生き延びて、それでどうすんでい。元人間の抜け殻でふわふわ漂《ただよ》って何が面白いんだ。どうせ死ぬんなら人間のうちに死にてえや。それに運が良けりゃ吉原《なか》に着ける。そうしたら、暖かくって、柔らかくって、白い搗《つ》き立ての餅みたいに粘っこくって吸い付きそうなのが、身を捩《よじ》って俺を待ってんだ。これでも生き死にを言うやつぁ人間じゃねえってんだ」

この啖呵《たんか》を聞いた宿の若い衆二人、男の心意気に打たれ、感涙にむせびつつぜひともお供をと、申し出

ました。決死隊の出発が決まりますとこの男、やおらふんどし一丁の姿になり、着物一式、財布身の回り一式を駕籠の座布団の下に敷きその上にどっかりと座りました。蔵前にさしかかりますと案の定人相の悪い浪人が七、八人駕籠を取り囲みます。

「われわれは徳川様に御味方する浪士隊、軍用金といたす、身ぐるみ脱いで置いて行け」

切っ先で駕籠の垂れをはね上げますと、そこにはふんどし一丁の男であります。

「おお、もうすんだか」

人間である以上、時には命を賭《と》してもやらねばならぬ事もあるという事でしょう。マァ結局は死ぬか生きるかはお天道様任せでありますから。

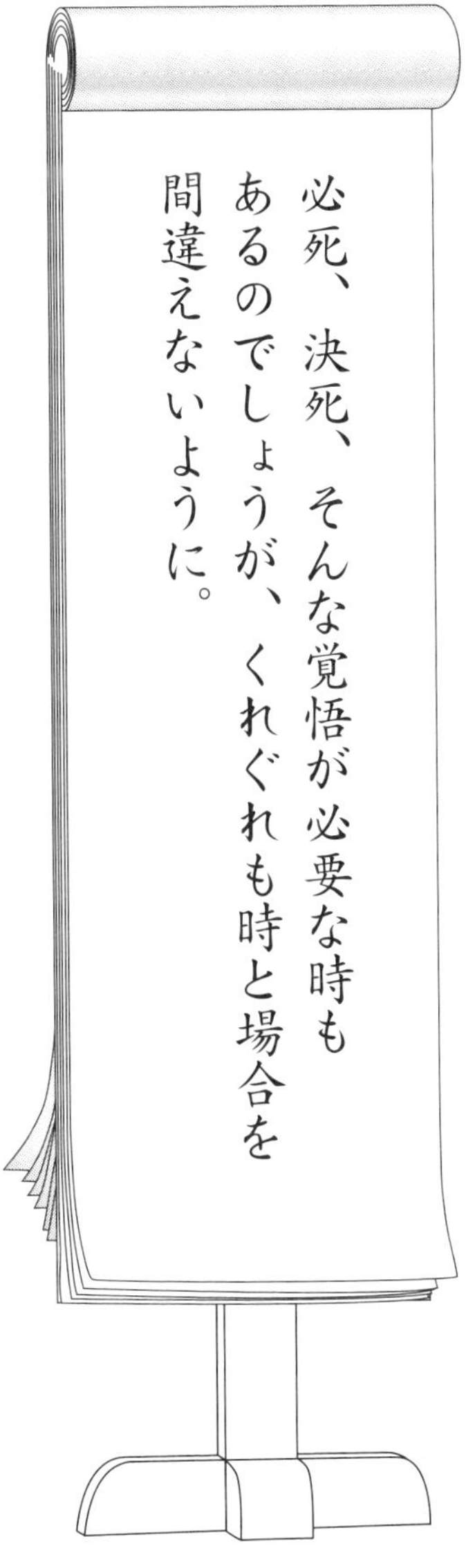
必死、決死、そんな覚悟が必要な時も
あるのでしょうが、くれぐれも時と場合を
間違えないように。

四十四　井戸《いど》の茶碗《ちゃわん》

武士の魂は捨てられません

正直清兵衛とあだ名される麻布茗荷谷の屑《くず》屋さん、清正公《せいしょうこう》様の脇を流しておりますと、身なりは粗末ですが大変に品のある娘さんから声を掛けられ、娘の父親で長屋住いの浪人千代田卜斎《ぼくさい》から仏像の買取りを依頼されます。先祖伝来の仏像だがそれ程高い物ではないから二百文で良いとの話です。

清兵衛は目が利かないから骨董は扱わないと断りましたが、風邪で動くのもままならない、どうしても頼むと懇願されました。それ程までおっしゃるならば、とりあえず二百文で頂いて、儲けが出たら折半という事でよろしければとして引き取りました。

屑籠《くずかご》の上に仏像を乗せ細川屋敷に差しかかりますと、お屋敷の表長屋の二階から声を掛けられます。国《くに》許《もと》から出て来たばかりで念持仏もなく困っていたという若い勤番侍、高木作左衛門が三百文でこの仏像を購入致しました。いかにも煤《すす》けた古仏でありましたのでぬるま湯で清めておりますと、仏像の台座の紙が剥れ、中から五十両の金包みが出てまいりました。

「仏像は買ったが、中の金包みまでは買った覚えはない」と高木作左衛門、かの屑屋を探し出そうと連日屋敷前を通る屑屋を首実検であります。その余りの剣幕に物騒な噂も飛び交います。危い所には近づかない方が賢明と思っていた清兵衛さんですが、流し商売の癖で、ついいつもの道を通ってしまい高木作左衛門に見つけられてしまいました。

実はあの仏像から五十両の金包みが出て来たのでそれを先方に返して来て欲しいとの頼みでありました。どう見ても貧乏暮らしの千代田卜斎ですから喜んで受け取るかと思いきや、

「売った物から何が出ようと、それは買った人の物。先祖伝来の仏像を売り払うような不心得者に罰が当ったのだろう、その金は受け取れぬ、千代田卜斎落ちぶれたとはいえ、曲がった事は大嫌いだ、買った人に天が授けた物だ」

そんな事言わないでこの金を受け取ればもう少しましな暮らしも出来ましょうし、あのお年頃のお嬢様だって、何を着たい、何を身に着けたいとお考えなんでしょうにと、とりなすつもりで言った清兵衛さんに、

「娘の事などどうでも良い、それ以上無礼を言うと抜く手は見せぬぞ」

ほうほうの体《てい》で高木作左衛門のもとに立返り、千代田卜斎の言葉を報告致しましたが、

「仏像は買ったが中の小判を買ってはおらぬというのが聞けぬと言うのか。拙者も武士だ、後には引けぬ。刀に懸けても受け取らせる」

こちらも強硬で一歩も引きません。このままでは果し合いでも起りかねない勢いです。困り果てた清兵衛さん、千代田卜斎の長屋の大家さんに相談致しました。町役人も兼ねる大家さん、さすが苦労人、知恵者であります。中立ちをした清兵衛さんに十両、高木作左衛門と千代田卜斎が二十両づつ分け双方で受け取るという方法で清兵衛さんを楽にしてやって欲しいと交渉をまとめました。それでも渋る千代田卜斎に清兵衛さんが、何でも良いから品物を差し上げてそれを売ったという形にすれば八方丸く収まると提案し、千代田卜斎も諒承致しました。形ばかりで恐縮だが、自分の普段使いの古茶碗を差し上げてくれとの事で決着致しました。

この話が今時珍しい美談、武士たる者この様に清廉でありたいものと、江戸中で評判となりました。細川公にもこの話が届きまして、御感斜《ぎょかん》めならず高木作左衛門お目見得となりました。殿様からのお褒めの言葉を戴き、かの茶碗を上覧に供しますと同席した出入りの目利きが驚いた。何とこれは「井戸の茶碗」という名器中の名器、国宝級であるとの事でありました。細川の殿様この井戸の茶碗を三百両にてお買上げとなり、百五十両を千代田卜斎に届けろと高木作左衛門が清兵衛さんに言いつけます。

「勘弁して下さいよ。五十両で手討ちになりかかったんです。百五十両なら一族郎党皆殺しにだってなりかねない」

人助けだと思ってこの百五十両受け取ってくれと願う清兵衛さんに、最初は渋っていた千代田卜斎ですが、

「この前みたいに古いのはいけませんが、また何かこう新しいのでお宅にあるものを、先方に差し上げたらいかがでしょうか」との言葉から高木作左衛門の人柄を見込んだ千代田卜斎、娘を嫁に取ってくれるのならばその支度金として、この百五十両受け取ろうとなりました。これを聞いた高木作左衛門、

「郷里《くに》の母からもよく早く嫁を取れとうるさく言って来る。千代田卜斎殿の娘御なら人柄の美しさは間違いなかろう」と、なりました。ほっとした清兵衛さん、

「今でこそ長屋でくすぶってますが、磨けばいいーっ女になりますよ。私が欲しいくらい」

「いや磨くのは止《よ》そう、また小判が出たら困る」

この噺を単に武士の潔癖さを称え、金銭に拘泥する醜さを否定する点だけでとらえる事は、少々近視眼

的といわざるを得ないでしょう。この二名の武士達のようにある一つの倫理、信条、論理に強迫的といえる程度にまでこり固まるのは何故なのでしょう。それはその者達の所属する集団、つまり倫理、信条、論理を同一にする集団、組織、階級が、現世的には衰退しているか、迫害され否定されている、もしくはそう構成員が感じている場合に特徴的に出現する現象であります。千代田卜斎も高木作左衛門ももう武士の世の中ではないと感じているのです。だからこそ武士の倫理、論理を貫き通し滅んでいこうとするのです。これは二人の人となりを想像してみれば容易に知れます。

千代田卜斎は年頃の娘と二人暮らしの浪人です。娘は十七、八歳でしょう、これは江戸時代の武家の娘の平均婚姻年齢です。ここから逆算するとその父は四十二、三歳でこれも当時の武家男子の平均婚姻年齢から推察出来ます。

娘の母親は既に死亡し、その時この千代田卜斎は世の無常を感じ士籍を離れ浪人の途《みち》を選んだのでしょう。そこそこの家柄の武士であったのでしょう。何故なら先祖伝来の仏像には子孫の為にと五十両蓄えてありましたし、何といっても井戸の茶碗を所有していたのですから。

この茶碗は偶然手に入るといったものでは決してなく、当初から非常に高価な輸入品であったのです。茶道の造詣深きことで著名な出雲松江藩主松平不昧《ふまい》公の家臣でそれもかなり高い位の家柄であったと見たいものです。

そんな人が清正公様脇の裏長屋での侘び住い。当時としては珍しい武家でありながらの恋女房に先立たれ、世をはかなんでの浪人暮らしでしょう。

出世もくだらぬ、蓄財も意味がない、人間にとって一番大切なものは日々の暮らしの安寧であり、妻と、家族と、親類縁者と地域社会の人々との平穏な生活なのだ。妻を失った千代田卜斎はこれからは娘との平和な日々だけを求めて生きようと決意したのでしょう。声高に自己主張などする事なく、人を押しのけることなど決してせず、世の片隅にひっそりと、生真面目に生きて行こうと。昼間は近所の子供達に素読指南、夜は大道での売卜《ばいぼく》（辻占）にて生計を立てる暮らしであっても、すまじきものは宮仕え、と心に決めたのでしょう。それでも武士の魂だけは、これはもう骨がらみで、致仕方のないところです。

一方の高木作左衛門。細川家の中屋敷といいますから大石内蔵助が切腹したので有名な高輪のお屋敷です。ここの表長屋に一室を与えられ中間まで抱えているのですから、若侍にしては中々のもの、こちらも上級武士ですが父親はもういません。嫁を早くとせっつくのは母親だけですからそう推察出来ます。

その細川家の重臣であった父を失った時、父の同僚であった他の家臣達のごたごたを見て嫌になり、自分だけは至誠一貫毅然たる生き方を貫《つらぬ》こうと決意したのでしょう。若侍でありながら念持仏を求めようとする姿に、そんな心根が窺えます。

首実検の噂話が広まった折に、面《めん》づれがあるからありゃ強そうだ、と言われております。念持仏と面《めん》づれ、文武両道武士らしい武士、しかし、であればこそ現世からは多少浮いてしまうのかも知れません。高木作左衛門はそんな世の中に迎合して生きるよりは、時代遅れかも知れないが、世の為人の為己が身命を賭《と》す武士として生き、死のうと決意したのでしょう。

であればこそ、己れを捨て身近な人々の為に生きることにその存在基盤を求める千代田卜斎と心が通じ、義理の親子関係を確立したのでしょうから。両者に共通しているところはたとえ消え去る事が定めのそんな生き方こそ美しく、自分はそんな美しさにこそ殉じたいのだという強い意思を持つところでしょう。

映画にするとしたら、千代田卜斎は五十前の頃の田村高広、その娘は若い頃の香川京子、今なら松たか子も良いかしら。高木作左衛門は田村三兄弟の末弟、田村亮で決まりでしょう。国許で作左衛門の帰りを待つ母は田中絹代といったところですか。千代田卜斎と高木作左衛門は義理の親子でありますが、その心情の根は一つの兄弟関係なのですからぴったりでしょう。

話芸でありますます落語ですが、いや、ですからこそこんな配役を想像する楽しみもまたあるのでしょうか。

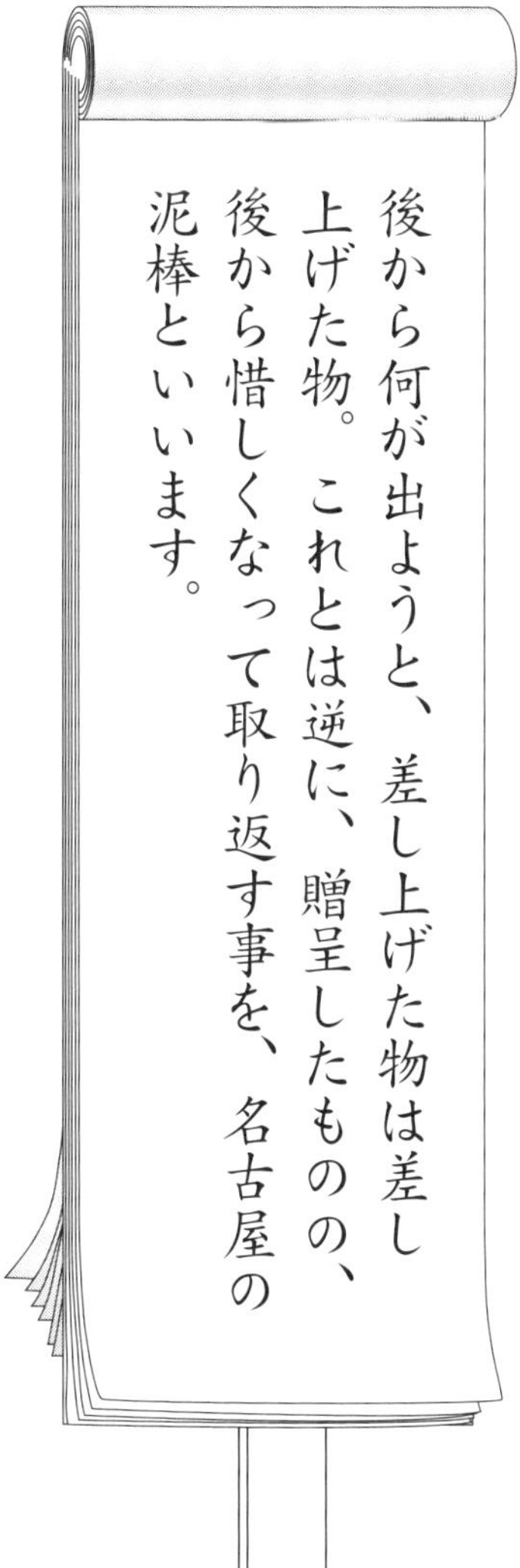
後から何が出ようと、差し上げた物は差し
上げた物。これとは逆に、贈呈したものの、
後から惜しくなって取り返す事を、名古屋の
泥棒といいます。

第五節　雑学《ざつがく》――何の役にも立ちません

四十五　やかん

由来を川中島の戦あたりに求めた頃から話がおかしくなります

自称雑学王、雑学博士などという人はどこにもおりまして、聞かれて知らないという事がない、なんてのを自慢にしておりますが、存外、いい加減なものが多い様であります。何といっても系統だって学問をした訳ではありませんので、通り一遍であるのは否めません。それでも、なるほどそうなのかと思わせる場合も多々ありますが、これは話が正鵠《せいこく》を得ているかどうかではなく、その話をしている人の説得力、話術にかかっているというのが本当のところでしょうか。正に講釈師、見て来た様な嘘を言い、であります。

この「やかん」という噺も、三代目三遊亭金馬が秀逸でありました。御本人も博識の人と有名でこんな噺の演者としてはうってつけの人でしたが、そんな事を言うと、うってつけって何をつけるんだい、と聞かれそうでありました。

知った風《ふう》、耳学問を鼻に掛け、なんて事を申しますが、何でも知ったか振りをする人がいらっしゃいます。仕事がはんちくになって（中途半端になって、この場合は寝坊して行きそびれてしまった）浅草へお詣りに行った帰りの職人が、御隠居のところに暇つぶしに寄ってみるところから、噺が始まります。

「ほほう、現われたな愚者《ぐしゃ》」

浅草の観音様《かんのん》の帰りですと言うと、「浅草に観音様というのが最近出来たのか、お前が言うのは正しくは、金竜山浅草寺《きんりゅうさんせんそうじ》に安置たてまつる聖観世音菩薩《しょうかんぜおんぼさつ》というもんだ。字で書くとかんおん、音で正しく言えばくわんおんと言うんだ」

と、早速やり込められます。人出はどうかと聞かれ、猫も杓子《しゃくし》も大変な人出でと答えますと、猫は歩くかも知れないが杓子が歩いてお詣りに来れるのかと言われます。あれは正しくは、

「猫、つまりは女子の事で杓子ではなく若子《じゃくし》、つまりは子供の事。老若男女との意味だ」

何でも良いから茶の一杯も出してくれと催促して、出て来たお茶を結構なお煮茶でと言いますと、それは大店などで茶の葉を袋に入れて煮出して飲ませるもの、今出したのは出端《でばな》、つまり初めてを出したんだから、出花と言うべきと叱られます。

お茶請けに出て来たのを「あんころもち」と言いますと、正しくは「あんくるみもち」。あんでころもがかかっているところから「あんころもち」と言うべきだと正されます。

そりゃあっしと先生とでは学問が違うから、運転半天《うんてんばんてん》の違いでさぁと言えばそれは「雲泥万里《うんでいばんり》の差、天と地程に違うという事だ」

どうせすっぽんに月だからと言うと「緋盆《ひぼん》に月《つき》、似て非なる事である」

いちいち面倒な、どっちにしてもかっぱの屁みたいもんでには「木《こ》っ端《ぱ》の火、燃やしても熾《おき》が残らないからつまり他愛も無いこと」と説かれます。

そんなあげ足ばっかり取らないでには、あげ足ってどんな足だ。ことばじしをとらえにはことばじしとはどんな獅子だとやり込められます。先生、何でも知ってるねと言われ、

「神武天皇御即位このかた天地間でわからんことはないな」と小鼻をぴくぴくさせます。

魚の名前を付けたのは魚の大将の鰯で、その鰯は皆から何とお呼びしましょうと聞かれ
「何とでもいわっし」

真黒《まくろ》だから鮪《まぐろ》、赤いのは切り身になってから。

鵜が飲み込むのに難儀するから「うなぎ」、

「ほうぼう」「こち」「ひらめ」なんかはそのまんま、「たい」や「ぶり」の家来で身分の低いのが「家令」（華族の家の管理人）だ、と大分怪しくなってまいります。

土で出来てるから「土瓶《どびん》」、鉄で出来てるから「鉄瓶《てつびん》」、それじゃ「やかん」は何でやかんって言うんです。

「愚者は湯わかしと言うが、本当はあれは水わかしと言うのが当り前だ。その水わかしがやかんになったかについては、ここに一条の物語がある。

その昔、元亀《げんき》、天正《てんしょう》の頃、つまりは戦国時代、甲斐の武田信玄と越後の上杉謙信が川中島をはさんで対陣した。双方互角の戦いで結着が中々つかなかった。ある日大雨であり、こんな日はよもや敵は攻めては来ぬだろうと、上戸は酒、下戸は餅など食って大いに英気を養っていたところ、突然の夜討ち。周章狼狽《しゅうしょうろうばい》、てんやわんやの中飛び起きた若武者一人、かぶとが見当らなかったが遅れてはならじと、傍にあった大きな水わかし、湯がぐらりぐらりとたぎっていたが『これ究竟《くっきょう》のかぶとなり』とかぶって飛び出し、獅子奮迅《ししふんじん》の大暴れ、敵はまともに立ち向かっては勝目なしと、卑怯にも飛び道具の矢を射掛けて来た。この矢がかぶと代わりの水わかしに当って、カーンと言う。矢がカーンでやかんとなったと思え。

蓋はぽっちをくわえて面の代わり、つるはあごに掛けて忍び緒の代わり、やかんの口は外の音を聞く為の耳の役、下を向いているのは水が入らない様にだ」

耳は二つあるのにその音取りが片っ方しかないのはどうしてかと聞かれた先生、
「いやあ、ない方は夜になったら枕をつけて寝る方だ」

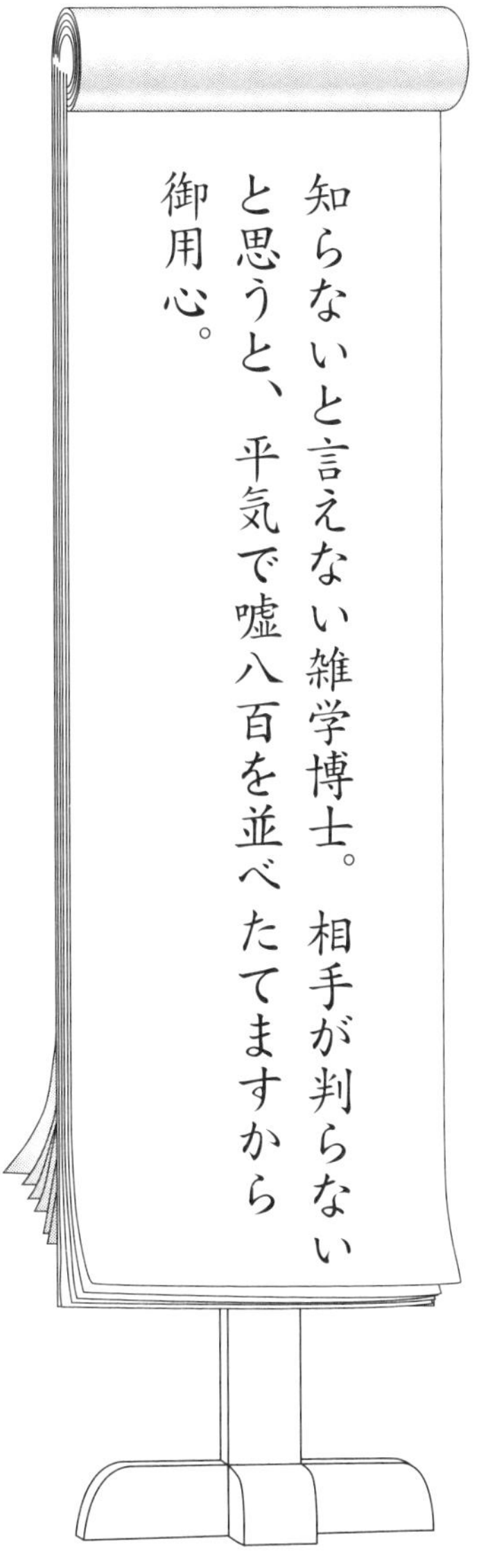
知らないと言えない雑学博士。相手が判らない
と思うと、平気で嘘八百を並べたてますから
御用心。

四十六　二十四孝《にじゅうしこう》

親孝行、したくなくても親があり

三十六軒ある長屋で一番騒々しい男が大屋さんの所に飛び込んで来ました。今日という今日はもう我慢がならない、女房と別れるから離縁状を書いてくれとの事です。訳を聞きますと友だちから活きの良い白鱚《しろぎす》を貰ったので湯から帰ったらその塩焼で一杯やろうと楽しみしていたら影も形もない。屋根の上で隣りの猫が大あぐらひっかいてむさぼり食っている。あんまり腹が立ったから嬶《かかあ》張り倒したらばばあが出て来て、女房を殴るならあたしをおぶち、って言うけど手が痛かったんで蹴っ飛ばした。おっかさんにまで乱暴を働くのかと呆れる大屋さんに、

「冗談言っちゃいけねぇ。あんなしわくちゃの薄ぎたねぇばばあがおふくろだなんて。あれは三年前に死んだおやじのかみさんだった」

「そんな親不孝者はこの長屋に置いとく訳にいかないから今直ぐ出て行け、それが嫌なら親孝行をしろ、孝は百行《ひゃっこう》の基《もと》という、無二膏や万能膏の効めより親孝行はなににつけてもという」

「ついでに、ひび、あかぎれに、いんきんたむし、寝小便にもはしかにも、とくりゃよいよい」

親孝行といわれてもそんな香香《こうこ》は食った事がない、どんな事をすればいいのかと聞かれた大屋さん、昔唐《もろこし》に二十四孝といって親孝行な人を二十四人紹介してある、と物語ります。

「王哀《おうほう》」という人は雷嫌いの母亡き後にも雷除けに墓石にしがみついた。「王祥《おうしょう》」は冬に母に鯉を食べさせ

ようと氷の上に寝ていると氷が溶けて鯉が飛び出した。

「孟宗《もうそう》」は寒中に筍《たけのこ》が食べたいという母の願いがかなえられず思わず雪中の畑に落涙するとそこから筍がはえて出た。「呉猛《ごもう》」は貧乏で蚊帳が買えない、安酒を買って来て自分の体に吹き掛け蚊を呼ぼうとしたが天の感ずるところあって蚊も出なくなった。

「郭巨《かっきょ》」は母に食べ物を上げてもみんな孫にやってしまう。それでは親孝行が出来ないので、我が子を生き埋めにしてしまおうと夫婦して相談した。穴を掘っていると金の釜が出て大金持ちになって親孝行が出来た。お前も親孝行すれば良い事があると大家さんに諭されたこの男、早速家に帰り呉猛にならおうと酒を体に吹き掛け、ついでにごくごくっと飲みすっぱだかで寝てしまいました。翌朝目覚めてみますと、何と全く蚊に刺されておりません。

「うーん、これすなわち天の感ずるところだ」

隣りにいたおふくろさんが、

「なにいってんだよ。あたしが一晩中あおいでたんだ」


さて、「二十四孝」ですが、室町時代に御伽草子《おとぎぞうし》に作り上げられたもので、中国における二十四編の孝子談話を集めてあります。江戸時代には儒教道徳涵養の見地から幕府からも推奨された書物でありました。

ここに他の十九の説話を御紹介致しますが、寝そべって酒など飲みながら読むなどは言語道断。斎戒沐《さいかいもく》浴《よく》し、酒色を断つこと三日、その後にお読み頂ければ、来世の幸福は間違いないところであります。

「大舜《たいじゅん》」、出来の悪い家族だが孝行を尽した。その噂を聞いた時の君主堯王《ぎょうおう》は息女蛾皇《がこう》を舜《しゅん》の后にたて、天下をお譲りになった。

「漢文帝《かんのぶんてい》」、兄弟もおおぜいいる中で一番親孝行であった。その姿に感じた臣下達が推して王位におつけ申し上げ世の中も豊かになった。

「丁蘭《ていらん》」、死別した母を慕い続け木像を造っていた。その妻がこの木像の顔をこがしたところ、顔にはできものが、髪は抜け落ちてしまった。木像を大通りに移し三年間詫び言をしたところ、木像が自分で家の中に帰り、その後は無事に過ごした。

「閔子騫《びんしけん》」、継母にぞんざいに扱われたのを知った父が怒り、継母を離縁しようとしたが、義理の弟がつらい思いをするのでと、父を諌《いさ》めたところ、それを知った継母から慈愛を受けた。

「曾参《そうしん》」、貧しい暮らしの曾参の家に友人が来た。母はこれをもてなしたく思うが薪取りに行った曾参は中々帰って来ない。その帰りを願って母がわが指を噛んだところ、曾参はにわかに胸騒ぎがして急いで家に帰った。

「老莱子《ろうらいし》」、七十歳になっても両親が存命であった。自分はいつまでも幼な子の様に振舞い両親に自分達が老齢になったと思わせない様にした。

「姜詩《きょうし》」、母が川の水と鮮魚の鱠《なます》を欲しがるので夫婦して毎日の様に七、八里離れた大川まで行っていたところ、家の近くに大川の如く水が湧き出て、毎朝水の中に鯉がいる様になった。

「唐夫人《とうのぶじん》」、年老いた姑に何年も尽し、その姑がいまわのきわに唐夫人に対する恩を返せないのが心残りだ、子孫が皆唐夫人の行いを真似れば行く末の富み栄えも間違いないとまで言った。その子孫は言葉通り富み栄えた。

「楊香《ようきょう》」、父と伴に山中に入ったところ虎に出遭ってしまった。父を助けられない楊香は、自分の命を虎に与え父を助け給えと天に祈ったところ、天も感じたのか虎が去って行った。

「董永《とうえい》」、父の葬儀代が工面出来ず、我が身を売って費用を捻出した。金の貸主のところに出向こうとすると一人の美女と出会い董永の妻になった。その妻が一ヶ月で絹三百疋《びき》を織り上げ借金は返済出来たが、その妻は天上の織女であり、天が董永の孝行に感じ下されたものであった。

「黄香《おうきょう》」、九歳の時母と死別し父に孝を尽した。夏は寝ずに父の体をあおぎ、冬は自分の体で父の夜具を暖めた。時の太守が高札でこの孝を誉えた。

「朱寿昌《しゅじゅしょう》」、七歳の時両親が離別して母を良く知らずに育った。五十年経ってもどうしても母に会いたかったので、官位も妻子も捨て、自分の体から流した血で経文を書いて天へ祈願をかけたところ、ついに母を尋ね当てた。

「剡子《ぜんし》」、年老いた両親が眼病を患《わずら》ったところ、鹿の乳が薬になると聞き及んだ剡子は、鹿の皮をかぶり鹿の群れに入り、あやうく猟師に矢で射られそうになったが、すんでのところで助かった。

「蔡順《さいじゅん》」、拾った桑の実を熟したものと未熟なものとに分別していたところ、無法者が通りかかりその訳を尋ねた。熟したものは母に、未熟なものは私が食べる分ですと答えると、その無法者いたく感じ入り、米二斗と牛の足一本を蔡順に与え立ち去った。この米と牛の肉は一生の間尽きる事なくあったが、これは孝行の効験《こうけん》の為であろう。

「庾黔婁《ゆきんろう》」、新任の地に行って十日も経たないのに胸騒ぎがして父の身が案じられた。役を捨てて帰郷したところ父がひどく病んでおり、医者にその大便をなめれば病状が判ると言われ、躊躇《ちゅうちょ》することなくなめてみたところその死が近い事が知れたので、北斗の星に願をかけて身代わりにたつことを祈ったということである。

「張孝《ちょうこう》、張礼《ちょうれい》」、張孝・張礼は兄弟です。ある日張礼が木の実を拾いに行ったところ、息もたえだえの盗賊に出遭い、張礼を殺して食ってしまうと言います。母の食事が済んだら出直すから待ってくれと頼み、その通りにしました。それを聞いた兄の張孝が後から追いかけ、盗賊に自分の方が太っているので私を殺し、弟を助けてくれと頼みますが、張礼は私が最初からの約束ですと互いに死を争いました。非道の盗賊も心動かされ、米二石と塩一駄を与えて立ち去ったそうです。その後も兄弟は孝道にはげんだということです。

「田真《でんしん》、田広《でんこう》、田慶《でんけい》」、三人は兄弟です。親に死に別れ、遺産を三分割し相続しました。庭に紫荊樹《しけいじゅ》という立派な木があり、これも三つに分けて取ろうと相談し切りに行ってみたが既に枯れていた。草木といえども心ある。その心を思い知らないからこうなったと、切り分けることなくそのままにしておいたところ、ふたたびもとのように茂ったそうです。

「山谷《さんこく》」山谷は詩人の祖師といわれる人で地位も名声も高く使用人も数多くいて、妻もいた。それでも年老いた母の大小便の始末も自分でするくらいだから、その他の孝行も推して知れる。この山谷は二十四孝の他の人と違い非常に高名な人物ですが、それでも孝行を尽した。

「陸績《りくせき》」、六歳の時袁術《えんじゅつ》に招かれ果物として橘を出されました。陸績はこれを三つ取って袖に入れ、帰りに御辞儀をしたところ取り落としてしまいました。何故持ち帰るのかと聞かれ、母に与える為と答えます。袁術これを聞き、幼い心でありながら、かようの心づけ、古今まれなりと誉めたたえました。

さて、本項「二十四孝」、完全に読破された方、御苦労様でありました。幸いなるかなその方よ、天国は貴方の為にあります。必ずや魂は浄化され、現世は判りませんが、来世の幸福は約束されたも同然です。もしも来世があればの話ですが。しかし、親が子を、子が親を思う心はこれ天然自然の道理であります。柳葉魚《ししゃも》のメスを御覧なさい、全身を子に捧げて悔いる所微塵もなしではありませんか。あれこそ親の真の姿と、不肖の息子は言いたいのです。

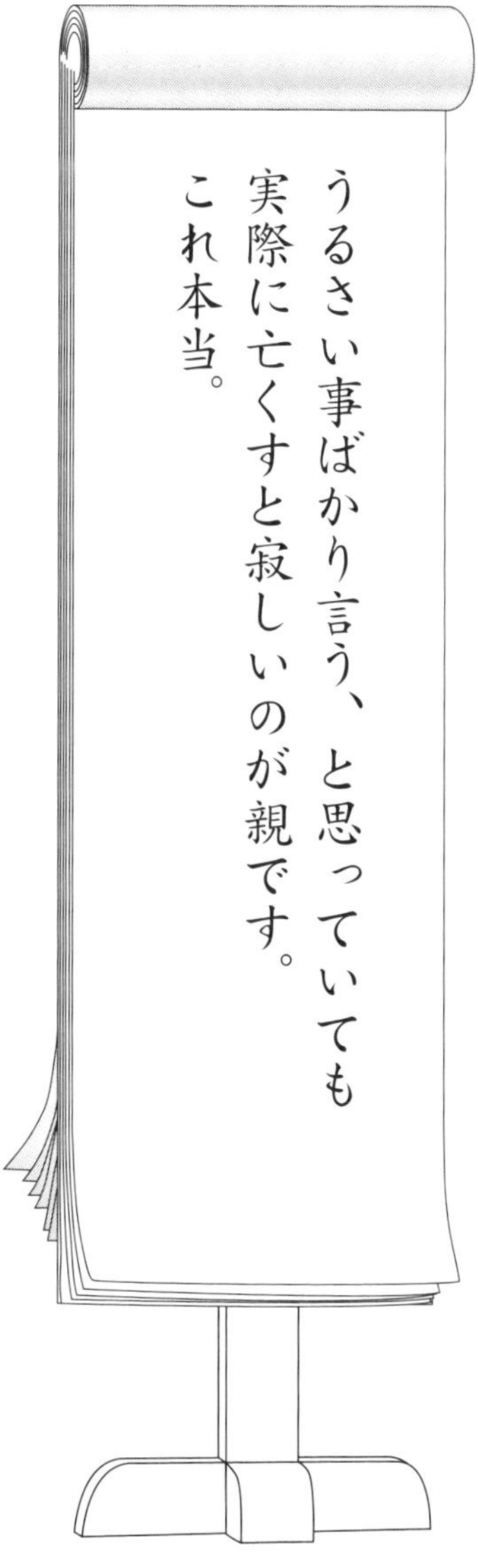
うるさい事ばかり言う、と思っていても
実際に亡くすと寂しいのが親です。
これ本当。

四十七　稽古屋《けいこや》

狙いは師匠か色事か

今も昔も女の子にもてたい、というのは男の子の本性であります。女の子が男の子にもてたいという気持ちもあるのでしょうが、やはり男の子の気持ちの方が断然強い様です。その気持ちの根本は性欲なのでしょうから、当然といえば当然の話でありまして、正にその気持ちこそが人類繁栄の礎であります。

思春期に男子は二派に分れてかぶれる物があります。一派はギターに代表される軟派系ミュージック派であります。片や硬派系の代表は暴走族まではいかないもののバイク派でこちらは多少暴力的であります。

江戸時代の庶民も、硬派、軟派はあったのでしょうが落語に出てまいりますのは軟派ばかりで、それも唄の一つも覚えて何かの時に披露して評判を取ってもててみたいか、そんな事より女師匠の色っぽさに引かれて、なんて御仁が多かった様であります。師匠を「はり」に来るので経師屋連、師匠がころんだら食おうという物騒な狼連などというのもあります。

はたまた夏は蚊が出て夜なべが出来ないので、暇つぶしに稽古に通って来て、蚊がいなくなるとともに修行も止《よ》してしまうなんて者もいて、これを蚊弟子といいました。お金持ちになりますと、師匠を自分の家に呼び自分で稽古に行く事は致しませんでした。修行なんてものは師匠の所に出掛けて行って苦労して初めて身に着くものですから、こういう態度では中々ものにはなりません。こんな弟子はわがままですから、「駄目だよあの師匠はうるさくって。こっちは素人なんだから、ああだこうだって言われたって出来ゃしないよ。あの師匠は止した」

こんな具合に弟子が師匠を平気で破門しちゃったりします。


女にもてるにはどうしたら良いかとご隠居に相談に行った男、金かかくし芸でもあれば間違いなく女にもてると聞き、

「金はないけど、後の方なら脇の下と股ぐらにある」「隠し毛じゃなくて、隠し芸だ」

向こう横町の五目の師匠（何でも教える師匠）を紹介され、膝突《ひざつき》（入門時の礼物）まで立替えて貰い、やって来ましたのが粋な中年増の女師匠であります。立て膝《ひざ》を覗き込もうとして、三味線の撥《ばち》で殴られたりしながら清元《きよもと》の稽古を始めました。初心者向けの喜撰《きせん》です。

「せじでまるめて、浮気でこねて、小町桜のながめにあかね」

女師匠の図。江戸時代の女性の職業といえば稽古事の師匠、既火事の髪結い、芸者、遊女、料飲食店の下働き、住み込み女中、意外と多かったのが寺子屋の師匠だそうです。後は針仕事で細い煙を立てて、といったところであった様です。（『春色六玉川』）

そこにやって来ましたのが鳶《とび》の頭です、こちらは権上《ごんじょう》（権八《ごんぱち》の上、其小唄夢廓《そのこうたゆめのよしわら》という清元）のおさらいですが、仕事柄いつの間にか木遣《きやり》になってしまいます。

初心者は先《ま》ずは喉を振切《ふっき》る事が肝心です。短い上方唄を教えるから、これを屋外の出来るだけ高い所で大声でと指導されました。

「海山を、越えてこの世に住み慣れて、煙が立つるしずのめの」、少々足りないこの男、もうすっかり夜も更けておりますのに、物干し台に登り、

「アアー、アアー、アアー、煙が、煙が、煙が立つる、煙が立つる、ウフン、煙が」

と、一人大熱演であります、これを聞いた近所の人、「煙が立つ」と言いますから火事と勘違いし、

「火事はどっちだ。近いか遠いか」

「海山を、越えて」

「そんなに遠きゃ、大丈夫だ」

さて、五目の師匠とありますが、五種目が固定的にあった訳ではなく、歌舞音曲《かぶおんぎょく》全般に教えるといった意味です。江戸時代には一般的であったそれらの歌舞音曲も、現在では一部の好事家《こうずか》以外ではほとんど知られなくなりましたので、一番判りづらい音曲に関して簡単に整理してみましょう。

色々な分類の仕方もあるのでしょうが、一般的には語《かた》り物と歌《うた》い物とに分けられる様です。

語り物とはすなわち浄瑠璃であります。室町末期の創始でその源流は琵琶法師によって語られる平曲《へいきょく》に求められます。この浄瑠璃から江戸時代に入り人形浄瑠璃（文楽）が発生し五代将軍綱吉の頃貞享元年（一六八四年）竹本義太夫《ぎだゆう》によって義太夫節が創設されるや大人気となり、義太夫節は人形浄瑠璃のみなら

ず歌舞伎音楽にも取り入れられました。その他の浄瑠璃の流派として以下のものが有名です。

「河東節《かとうぶし》」、十寸見河東《ますみかとう》が享保二年（一七一七年）に創始し歌舞伎音楽として大人気を博した。

「豊後節《ぶんごぶし》」、狭義には享保十六年（一七三一年）宮古路豊後掾《みやこじぶんごのじょう》創始の流派で広義には豊後掾の門派から派生した常盤津節《ときわづぶし》、富本節《とみもとぶし》、清元節《きよもとぶし》、新内節《しんないぶし》、薗八節《そのはちぶし》、繁太夫節《しげだゆうぶし》などの総称だそうです。心中を扱った作品が多く、風俗紊乱《びんらん》との理由から、劇場上演のみならず自宅教授までも禁止されました。

「常盤津節」、豊後掾の弟子又字太夫が延享四年（一七四七年）創始。俗に江戸の義太夫節といわれます。

「富本節」、こちらも豊後掾の弟子小文字太夫が寛延元年（一七四八年）に創始したが現在は消滅。

「清元節」、富本延寿斎の弟子二代目延寿が文化十一年（一八一四年）清元延寿太夫を名乗り創始。

「新内節」、こちらも豊後掾の弟子の加賀太夫の流れの鶴賀《つるが》新内の頃新内節の呼称が定着したが創始は鶴賀《つるが》若狭掾《わかさのじょう》の宝暦四年（一七五四年）に求められます。他の流派と異なり歌舞伎を離れ主に遊廓の音楽として発展し、寄席や流しといったところに上演機会を求めた。派手な演出の中に哀愁を感じさせる曲想で現在も人気があります。


これらの語り物、浄瑠璃に対し、旋律に重きを置くものが歌い物であります。代表的なところが「長唄」であります。

「長唄《ながうた》」、歌舞伎舞踊の伴奏音楽として発生し、その後歌舞伎を離れた「お座敷長唄」が生まれ、演奏会用の長唄も出来ました。三味線は細棹で非常に華麗で派手でありますが、下手な人が演りますと、大変傍迷惑な大音響であります。但し、鼠除けには間違いなくなります。

「荻江節《おぎえぶし》」は長唄のお座敷芸バージョンです。

短編の唄が「端唄《はうた》」、これを上品にした「歌沢《うたざわ》」、三味線を爪弾《つまび》くのが「小唄《こうた》」、俗曲とくくられますのが、「都々逸《どどいつ》」で天保九年（一八三八年）に都々逸坊扇歌が寄席ではやらせたのが始まり。「七つ八つからいろはを習い、はの字忘れていろばかり」なんて感じです。

「かっぽれ」の元は住吉神社の住吉踊りで願人坊主がこれを演ったそうです。これは三代目古今亭志ん朝が熱心に取り組んでおりました。

その他「とっちりとん」とか「奴さん」、「よしこの」、「潮来節」、「二上《にあが》り新内」、「歌祭文《うたさいもん》」などが挙げられます。

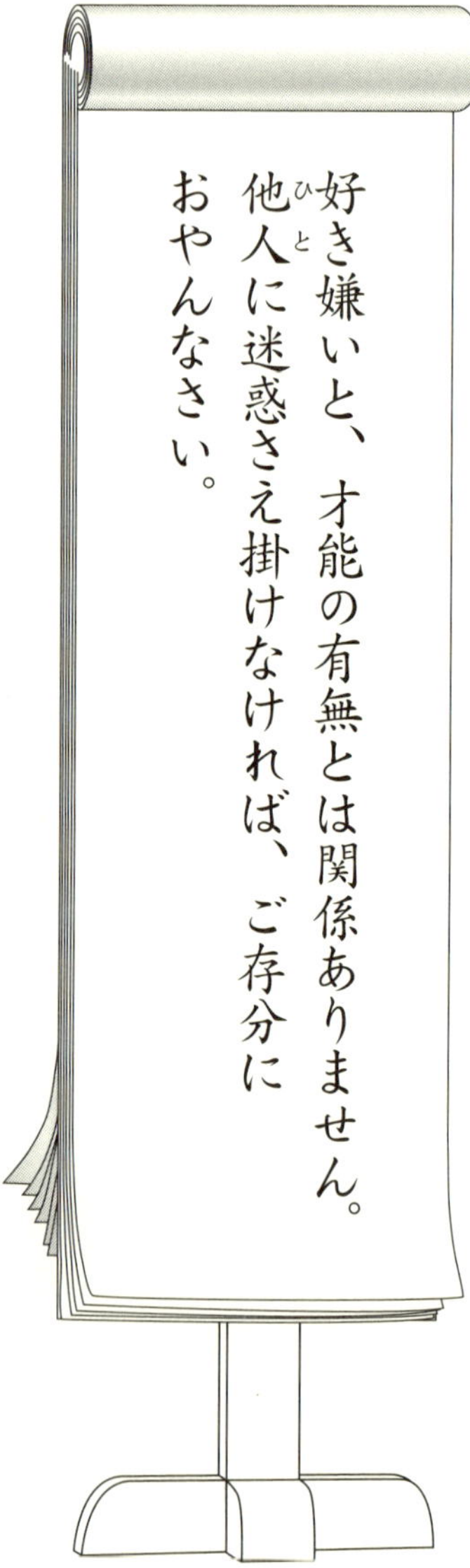
好き嫌いと、才能の有無とは関係ありません。
他人《ひと》に迷惑さえ掛けなければ、ご存分に
おやんなさい。

四十八　鈴振《すずふ》り

僧といっても男は男、無理は止そうよ

この噺は五代目古今亭志ん生の上演しか現在は残っておりません。昭和三十九年（一九六四年）一月三十一日東宝演芸場、同年十月三十一日同じく東宝演芸場、倒れた年の昭和三十六年（一九六一年）五月三十日東横落語会の三口演がＣＤで市販されており、他に精選落語会での上演があった様です。いずれの口演も「鈴振り」だけでは短い為か、「十八檀林《だんりん》」と「甚五郎の作」の二作と合せて語っておりますが、この三作ともさほど露骨ではないものの、正真正銘のバレ噺であります。

江戸時代の殿様なんて勝手なもので、町できれいな娘さんを見かけて気に入りますと、御殿女中に召し出させます。昔のことですからどんな大家《たいけ》のお嬢様でも断れません。十七、八の娘盛りを二年間のお屋敷奉公です。この間男子禁制、女だけの生活を強いられる訳ですから、その、何ですな、大変な我慢を強いられる訳です。我慢し過ぎて中には身体を悪くしてしまう娘も出てしまいます。

それではいけないと、つまり、その、つまり何ですな、つまり男の何を形どったなにで我慢する訳です。この張形《はりがた》を商っておりましたのが、両国の「四ッ目屋」でありました。店は薄暗くしてありまして、客と店の者が余り顔を合せなくて済むようにしてありました。商売のコツとして、小さい方から勧めるそうであります。

「こんなところで、いかがでしょうか」

「もうちょっと」

「では、こんなところでは」

「もうちょっと大きいの」と、こんな具合。その御屋敷奉公を終えて帰って来た娘さん、体調がすぐれませんので医者に見せましたところ、「妊娠されてます」との事でした。びっくりした母親が相手は誰と問い質《ただ》しますが、中々答えません。とうとう白状して小箱から出したのが張形です。こんな物で赤ちゃんの出来る訳がないといぶかる母親が、その張形を、ひょっと引繰り返しますと、左甚五郎作と彫ってありました。

（甚五郎の作）


我慢といえばお坊さんの修行も大変な我慢が必要です。若い身空《みそら》で女は駄目、酒は駄目、生物《なまもの》は駄目、何は駄目、かには駄目、駄目駄目尽しで駄目でないものがないくらいです。お粥と香香《こうこ》しか食べないような暮らしを永年やってひたすら修行です。十八檀林という寺を抜けて行かなければ本当の修行になりません。下谷の幡随院《ばんずいいん》から入り、武蔵国から相模国、常陸国、下総国、上野国の各寺を廻り最後に芝の増上寺を出てようやくその修行が終わるといいますから、並大抵の事ではまっとう出来なかったものであります。（口演では十八の寺を言い立てますが、後述するとしてこちらでは省略致しました。）（十八檀林）

藤沢の遊行寺《ゆぎょうじ》の住職といえば大僧正の位の僧であります。後継者を決めなければいけない時期となりましたが、弟子だけで千人いますから誰にするか困りました。院代（副住職）と相談して、旧暦五月二十八日全国の弟子千人を遊行寺に集めました。客殿に入る前に別室に通され、前を開《はだ》けられて息子の先に小さな鈴をぶら下げられました。

「本日は吉日故に魚類を許す」と御住持《じゅうじ》の声です。

酒、肴が並びますが、ひたすら修行に励んで来ただけの若い僧には初めて見るものばかりであります。そこに出て来ましたのが、新橋、柳橋の綺麗所《きれいどころ》の選りすぐりが坊さん二人に一人の割で付きます。夏ですので紺透綾《こんすきや》（薄手の絹織物）の単衣《ひとえ》を素袷《すあわせ》（襦袢《じゅばん》を着ないで素肌に袷《あわせ》を着る事）で羽織り、湯文字《ゆもじ》（腰巻）は三尺の丈《たけ》で幅の狭いものといった出立《いでた》ちであります。見たこともない女の乳房が目の前でぶらぶら。

「お一つどうぞ」と立て膝《ひざ》で迫りますと湯文字の中がちらちら。必死で股間を両手で押えておりましたが、

「あらお兄いさん、それじゃお酌が出来ませんわよ」

ポンと肩を叩かれ思わず手を離すと、「チリン」。あちらでも「チリン」、こちらでも「チリン」、客殿中の千人の僧が「チリン」「チリン」ですからその音たるやすさまじいものであります。

これを御簾内《みすうち》から御覧になっていた大僧正、「何という嘆《なげ》かわしさか、これで仏法も地に落ちた、末世なるかな」とはらはらと落涙します。すると客殿の片隅に一人の僧、年の頃なら二十一、二。黒染衣で静かに座禅を組み、数珠を爪繰《つまぐ》り目は半眼でじっと三尺先を見詰めております。院代が駆け寄り、貴方こそ大僧正跡取り、立派なお方だと誉めそやし、ちょっと失礼と前を捲《めく》ります。

「おう、鈴がございませんな」

「はい、疾《と》うに振り切りました」（鈴振り）

さて、両国の「四ッ目屋」ですが、明治三十一年頃まで実際にあった淫薬、淫具専門の薬屋です。場所は両国米沢町（薬研堀）ですから、今の東日橋のあたりでしょう。有名なのは媚薬、強精薬の長命丸《ちょうめいがん》、女悦丸《えつがん》などで主人四ッ目屋忠兵衛が長崎で蘭方の秘法を学び、寛永四年（一六二四年）将軍家光の頃からこ

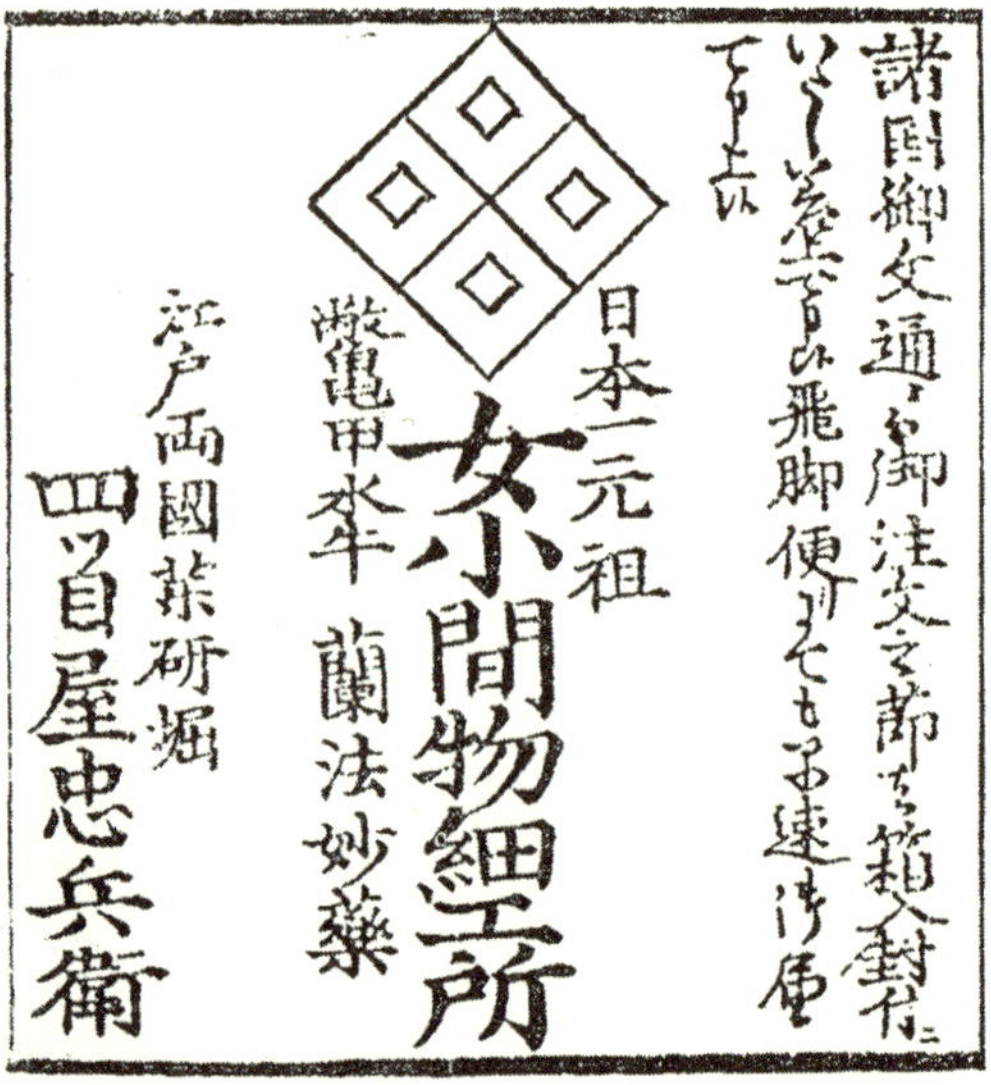

四ッ目屋の図。両国薬研堀ですから、今の東日本橋近辺です。女性用、男性用の性具、強精剤で有名でしたが、明治時代に廃業なさったそうで、残念に思う人も案外多い様です。（『江戸買物』）

の両国で開業したものです。この噺に出てきます、張形などの淫具男女用各種も扱っていた様であります。（四ッ目屋は馬鹿に薬をつけさせる。）

十八檀林ですが浄土宗の関東の十八ヶ所の学問所であります。関東十八檀林とも言います。

ちなみに次の十八の寺が十八檀林です。

相模国鎌倉光明寺《こうみょうじ》、武蔵国鴻巣勝願寺《しょうがんじ》、常陸国瓜連常福寺《じょうふくじ》、江戸は芝増上寺《ぞうじょうじ》、下総国飯沼弘経寺《ぐきょうじ》、下総国小金東漸寺《とうぜんじ》、下総国生実大《だい》巌寺《がんじ》、武蔵国川越蓮馨寺《れんけいじ》、武蔵国滝山大善寺《だいぜんじ》（現在は八王子）、武蔵国岩槻浄国寺《じょうこくじ》、常陸国江戸崎大念寺《だいねんじ》、上野国館林善導寺《ぜんどうじ》、下総国結城弘経寺《ぐきょうじ》、江戸本所霊山寺《りょうせんじ》（現れいざんじ）、江戸下谷幡随院《ばんずいいん》、江戸小石川伝通院《でんつういん》、上野国新田大光院《だいこういん》、江戸深川霊巌寺《れいがんじ》以上であります。

藤沢の遊行寺は正式には清浄光寺《しょうじょうこうじ》で時宗の総本山です。一遍上人がここを念仏道場としたのが起源で、正中二年（一三二五年）四世呑海が寺院を創建しました。

酔って徘徊する癖のある人を遊行上戸《ゆぎょうじょうご》と呼びますが、このお寺とは関係ありません。

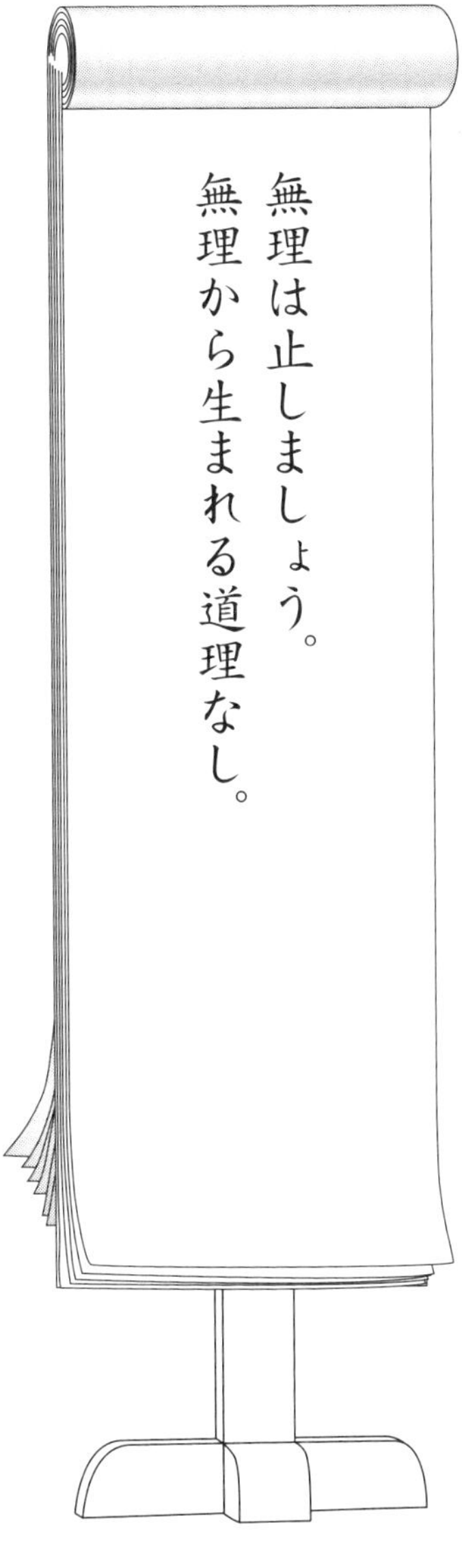
無理は止しましょう。
無理から生まれる道理なし。

本書の製作にあたり、以下の文献を参考にいたしました。

古典落語全六巻　講談社文庫　興津要編
落語事典　増補改訂新版　東大落語会編　青蛙房
東京落語散歩　吉田章一　青蛙房
切絵図現代図で歩く江戸東京散歩　人文社
江戸・東京早まわり歴史散歩　黒田浩司　学生社
江戸東京学事典　小木新造他編　三省堂
びんぼう自慢　古今亭志ん生　毎日新聞社
古今亭志ん生落語ベスト集　保田武宏　日本コロンビア
古今亭志ん朝新選独演会　榎本滋民　ソニーファミリークラブ
ＮＨＫ落語名人選
日本人物語　井上靖他監修　毎日新聞社
大江戸ものしり図鑑　花咲一男監修　主婦と生活社
日本古典文学全集　御伽草子集　校注・訳大島健彦　小学館
川柳江戸吉原図絵　花咲一男　三樹書房
江戸入浴百姿　花咲一男　三樹書房
江戸行商百姿　花咲一男　三樹書房
江戸店舗図譜　林美一　三樹書房

略歴　林　秀年（はやし　ひでとし）

昭和二十四年疎開先の埼玉県浦和市生れ。

昭和三十年東京都渋谷区に転居。

明治大学法学部卒業後平成十六年まで信販会社に勤務。

落語との出会いは小学生の頃、年長の従兄の顔パスの尻馬に乗って入った新宿末広亭。ここを皮切りに有楽町の東宝演芸場、内幸町のイイノホール、渋谷の東横落語会、新宿の紀伊国屋ホールなどに通い、落語の魅力を知り関心を深めた。

現在は飲食、睡眠、放浪、妄想を趣味とし、無欲、無思想、無宗教の三無主義に依る人間解放を目指し、切磋琢磨の日々を送る。

落語で知る人生の知恵
江戸時代の礼儀作法と心意気

著　者　林　秀年
発行者　小林謙一
発行所　三樹書房

〒101-0051 東京都千代田区神田神保町一―三〇
電話　〇三（三二九五）五三九八
http://www.mikipress.com

印刷所・製本　中央精版印刷株式会社